RECUEIL DE SOLUTIONS

FONDEMENTS DE LA COMPTABILITÉ FINANCIÈRE

3e édition

Robert Libby
Cornell University

Patricia A. Libby
Ithaca College

Daniel G. Short
Texas Christian University

Traduction et adaptation française
Carole Lafond-Lavallée, M.A., CA
École des sciences de la gestion – UQÀM

Denise Lanthier, MBA, CA
École des sciences de la gestion – UQÀM

Révision scientifique
Maurice Gosselin, DBA, CA, FCMA
École de comptabilité – Université Laval

Claudine Turcotte
École de comptabilité – Université Laval

Achetez
en ligne ou
en librairie
En tout temps,
simple et rapide!
www.cheneliere.ca

McGraw Hill Education   CHENELIÈRE ÉDUCATION

Fondements de la comptabilité financière. Recueil de solutions
3e édition

Traduction et adaptation du recueil de solutions en ligne accompagnant le manuel *Financial Accounting, Sixth Edition* de Robert Libby, Patricia A. Libby et Daniel G. Short © 2009 McGraw-Hill Irwin (ISBN 978-0-07-352688-1)

© 2012, Chenelière Éducation inc.
© 2007, 2003 Les Éditions de la Chenelière inc.

Conception éditoriale: Sophie Jaillot
Édition: Marie Victoire Martin
Coordination: Magali Blein et Julie Pinson
Révision linguistique: Marie Auclair (Communications Texto)
Correction d'épreuves: Michèle Levert, Martine Senécal et Caroline Bouffard
Conception graphique: Josée Bégin

**Catalogage avant publication
de Bibliothèque et Archives nationales du Québec
et Bibliothèque et Archives Canada**

Libby, Robert

    Fondements de la comptabilité financière. Recueil de solutions pour l'étudiant

3e éd.

Traduction de: Financial accounting, sixth edition. Solution manual.

ISBN 978-2-7651-0661-6

    1. Comptabilité – Problèmes et exercices.   2. Entreprises – Comptabilité – Problèmes et exercices.   I. Libby, Patricia A.   II. Short, Daniel G.
III. Titre.

HF5635.L6214 2011 Suppl.   657'.046   C2011-942184-4

5800, rue Saint-Denis, bureau 900
Montréal (Québec) H2S 3L5 Canada
Téléphone : 514 273-1066
Télécopieur : 514 276-0324 ou 1 800 814-0324
info@cheneliere.ca

ISBN 978-2-7651-0661-6

Dépôt légal: 1er trimestre 2012
Bibliothèque et Archives nationales du Québec
Bibliothèque et Archives Canada

Imprimé au Canada

3 4 5 6 7 M 19 18 17 16 15

Nous reconnaissons l'aide financière du gouvernement du Canada par l'entremise du Fonds du livre du Canada (FLC) pour nos activités d'édition.

Gouvernement du Québec – Programme de crédit d'impôt pour l'édition de livres – Gestion SODEC.

Sources iconographiques

Couverture: © Lilyana Vynogradova/iStockphoto ; © zxcynosure/iStockphoto ; © Michael Krinke/iStockphoto ; © craftvision/iStockphoto ; © PLAINVIEW/iStockphoto ; © photovideostock/iStockphoto ; © Bart Sadowski/iStockphoto ; © dra_schwartz/iStockphoto.

Dans cet ouvrage, le masculin est utilisé comme représentant des deux sexes, sans discrimination à l'égard des hommes et des femmes, et dans le seul but d'alléger le texte.

Des marques de commerce sont mentionnées ou illustrées dans cet ouvrage. L'Éditeur tient à préciser qu'il n'a reçu aucun revenu ni avantage conséquemment à la présence de ces marques. Celles-ci sont reproduites à la demande de l'auteur ou de l'adaptateur en vue d'appuyer le propos pédagogique ou scientifique de l'ouvrage.

Le matériel complémentaire mis en ligne dans notre site Web est réservé aux résidants du Canada, et ce, à des fins d'enseignement uniquement.

L'achat en ligne est réservé aux résidants du Canada.

Table des matières

CHAPITRE 1

Les états financiers et les décisions économiques

Questions

1. La comptabilité est un système d'information qui permet de rassembler, analyser, évaluer et enregistrer l'information financière relative à l'activité économique des entreprises. Elle permet également de communiquer cette information aux personnes intéressées, qui seront alors en mesure de prendre des décisions économiques.

2. La comptabilité financière permet de préparer les états financiers et de rassembler l'information destinée aux utilisateurs externes. La comptabilité de management comprend la rédaction de rapports de production, de rapports prévisionnels et de rapports de performance destinés aux utilisateurs internes.

3. Les principaux utilisateurs des états financiers sont les décideurs internes et les décideurs externes. Les décideurs internes incluent les différents dirigeants et employés de la société. Les décideurs externes comprennent les investisseurs, les créanciers, les agences gouvernementales et les autres personnes intéressées, comme le public en général.

4. Les investisseurs achètent des actions d'une entreprise dans le but de recevoir des dividendes. Ils peuvent également espérer vendre leurs actions à un prix plus élevé que celui qu'ils ont payé. Pour leur part, les créanciers prêtent de l'argent à une société durant une période de temps déterminée et espèrent obtenir des revenus en exigeant des intérêts sur le prêt qu'ils ont consenti.

5. Une entité comptable est une organisation pour laquelle des données financières sont collectées. Une entreprise, un organisme gouvernemental, une université et un organisme sans but lucratif sont quelques exemples d'entités comptables. Une entreprise est définie et considérée comme une entité distincte parce que les propriétaires, les créanciers, les investisseurs et les autres personnes intéressées ont besoin d'évaluer sa performance et son potentiel séparément de ses propriétaires et des autres entités.

6. Les quatre états financiers sont :
   1) l'état de la situation financière ;
   2) l'état du résultat global ;
   3) l'état des variations des capitaux propres ;
   4) le tableau des flux de trésorerie.

7. L'intitulé de chacun des états financiers doit inclure les renseignements suivants :
   a) La raison sociale de l'entité ;
   b) Le titre de l'état financier ;
   c) La date de l'état ou la période couverte ;
   d) L'unité de mesure et la monnaie utilisées (par exemple, « en milliers de dollars canadiens »).

8. a) L'objectif de l'état du résultat global est de présenter l'information concernant les produits et les charges d'une période donnée. Il fait apparaître, par différence, le résultat net de la période ainsi que d'autres éléments du résultat global.

   b) L'objectif premier de l'état de la situation financière est de renseigner les lecteurs sur la situation financière et le patrimoine d'une entité à une date donnée. Il doit inclure l'information concernant l'actif, le passif et les capitaux propres.

   c) L'objectif du tableau des flux de trésorerie est de présenter l'information concernant les mouvements de trésorerie, soit les encaissements et décaissements qui sont survenus au cours de la période. Ces mouvements sont attribuables aux activités opérationnelles, aux activités d'investissement et aux activités de financement.

   d) L'état des variations des capitaux propres résume les changements qui sont survenus dans les différents éléments des capitaux propres au cours de la période.

9. L'état du résultat global et le tableau des flux de trésorerie sont datés «période close le 31 décembre 2012» parce qu'ils concernent les entrées et sorties de ressources qui ont été effectuées durant cette période. L'état de la situation financière est daté «au 31 décembre 2012» parce qu'il représente les ressources et sources de financement à une date précise.

10. Les actifs sont une source importante d'information pour les créanciers et les investisseurs, car ils permettent de déterminer les ressources grâce auxquelles l'entreprise assurera son fonctionnement. Les actifs sont aussi importants parce qu'ils pourraient être vendus si l'entreprise éprouvait des difficultés financières. Les passifs sont importants pour les créanciers et les investisseurs, car ils représentent le niveau de risque financier qu'assume l'entreprise. Si celle-ci ne paie pas ses créanciers, la loi peut l'obliger à vendre ses actifs afin de les rembourser.

11. L'équation comptable permettant d'établir l'état du résultat global est:
    Produits – Charges = Résultat net +/– Autres éléments du résultat global.
    Ainsi, les principales composantes inscrites à l'état du résultat global sont:
    a) les produits;
    b) les charges;
    c) le résultat net;
    d) d'autres éléments du résultat global, lesquels sont abordés dans les chapitres ultérieurs.

12. L'équation comptable permettant d'établir l'état de la situation financière est:
    Actif = Passif + Capitaux propres.
    L'actif représente les ressources économiques appartenant à l'entité en raison d'opérations antérieures. Ce peut être, par exemple, la trésorerie, le stock de marchandises et la machinerie. Le passif représente les obligations d'une entité qui découlent des opérations qui ont été effectuées antérieurement, lesquelles seront payées dans l'avenir à l'aide d'actifs. Il provient principalement des achats de biens ou de services à crédit, et des emprunts d'argent en vue de financer l'entreprise. Les capitaux propres indiquent le montant de financement provenant des propriétaires de l'entreprise ou de l'exploitation de celle-ci. Les capitaux propres représentent l'actif moins le passif. Ils proviennent principalement de deux sources: 1) du capital social, soit la valeur des investissements que les propriétaires ont effectués dans l'entreprise ou 2) des opérations de l'entreprise.

13. L'équation comptable du tableau des flux de trésorerie est: +/– Flux de trésorerie liés aux activités opérationnelles +/– Flux de trésorerie liés aux activités d'investissement +/– Flux de trésorerie liés aux activités de financement = Variation de la trésorerie. Le montant net des flux de trésorerie d'une période représente l'augmentation ou la diminution de la trésorerie qui a eu lieu durant cette période. Les flux de trésorerie liés aux activités opérationnelles concernent directement le résultat net (l'activité normale de l'entreprise inclut le paiement des intérêts et des impôts sur le résultat net). Les flux de trésorerie liés aux activités d'investissement ont trait à l'acquisition ou à la vente d'actifs non courants utilisés par la société. Les flux de trésorerie liés aux activités de financement concernent directement le financement même de l'entreprise.

14. L'équation comptable permettant d'établir l'état des variations des capitaux propres est:
    Soldes à la clôture de la période = Soldes à l'ouverture de la période +/– Résultat net de la période – Dividendes déclarés au cours de la période +/– Autres variations des capitaux propres. Les soldes à l'ouverture de la période sont les mêmes que les soldes à la clôture de la période précédente, qui ont été reportés à l'état de la situation financière. Le résultat net de la période provenant de l'état du résultat global est ajouté, et les dividendes de la période

courante sont soustraits de ce montant. Le montant des soldes des capitaux propres est alors reporté à l'état de la situation financière à la fin de la période. Au chapitre 10, nous étudions les autres éléments qui font partie de l'état des variations des capitaux propres.

15. Le service du marketing et les gestionnaires du crédit utilisent les états financiers des clients afin de décider s'ils augmenteront le crédit d'achat de ceux-ci. Le service des achats utilise les états financiers des fournisseurs potentiels afin de savoir si ces derniers ont les ressources nécessaires pour satisfaire les besoins courants et futurs. Le service des ressources humaines utilise les états financiers comme base pour négocier des contrats; ainsi, il peut déterminer le taux de rémunération que la société est en mesure d'offrir. Le résultat net peut aussi servir de base au versement de primes, non seulement aux cadres, mais aussi aux autres employés, au moyen de régimes de participation aux résultats.

16. Les normes comptables canadiennes comprennent les éléments suivants :
    a) Les Normes internationales d'information financière (IFRS) pour les entreprises à but lucratif ayant une obligation d'information du public ;
    b) Les normes comptables pour les entreprises à capital fermé, c'est-à-dire les entités à but lucratif sans obligation d'information du public ;
    c) Les normes comptables pour les organismes sans but lucratif ;
    d) Les normes comptables pour les régimes de retraite.

17. Les Normes internationales d'information financière (IFRS) sont un ensemble de normes adoptées par une centaine de pays en vue d'harmoniser la présentation de l'information financière partout dans le monde. Les IFRS sont publiées par l'International Accounting Standards Board (IASB). Au Canada, toutes les entreprises ayant une obligation d'information du public ont dû adopter les IFRS en 2011.

18. La direction répond de l'intégrité et de la fidélité des états financiers contenus dans le rapport annuel, lesquels ont été dressés conformément aux normes comptables canadiennes. Elle se porte aussi garante des autres renseignements contenus dans ce rapport et de leur concordance avec ceux des états financiers. La direction doit maintenir un système de contrôle interne qui vise à assurer, dans une mesure raisonnable, la fiabilité de l'information financière et la protection de l'actif. Les auditeurs externes effectuent un audit indépendant conformément aux normes d'audit généralement reconnues et s'expriment sur les états financiers. Cet audit comporte l'examen et l'évaluation du système de contrôle interne de l'entreprise, ainsi que les sondages et examens qui sont jugés nécessaires pour assurer, dans une mesure raisonnable, la présentation fidèle des états financiers, à tous égards importants.

19. L'entreprise individuelle est une société appartenant à une seule personne, qui en retire tous les avantages. La société de personnes est une entreprise dans laquelle plusieurs personnes (les associés) conviennent de mettre en commun des biens, leur crédit ou leur industrie en vue de partager les résultats qui pourront en découler. Les associés sont généralement liés par un contrat de société. La société de capitaux (ou «société par actions», ou «compagnie») est une société constituée en vertu de la loi fédérale (*Loi canadienne sur les sociétés par actions*) ou provinciale (au Québec, *Loi sur les sociétés par actions*). Les propriétaires sont appelés «actionnaires». La mise de fonds des actionnaires est représentée par un titre de propriété qu'on appelle «actions», regroupées dans les capitaux propres de la société. Finalement, la coopérative est une entreprise constituée en vertu de la *Loi québécoise sur les coopératives* dans le but de satisfaire les besoins de ses membres au moindre coût possible.

20. Tous les comptables agréés (CA) peuvent exercer la comptabilité publique. Depuis 2010, les comptables en management accrédités (CMA) qui répondent aux exigences réglementaires peuvent obtenir un permis d'exercice de la comptabilité publique. Il en est de même pour les comptables généraux accrédités (CGA) depuis 2009.

Mini-exercices

M1-1 Les différentes composantes des états financiers

État financier	Composante
B	1. Charges
D	2. Flux de trésorerie liés aux activités d'investissement
A	3. Actif
C	4. Dividendes
B	5. Produits
D	6. Flux de trésorerie liés aux activités opérationnelles
A	7. Passif
D	8. Flux de trésorerie liés aux activités de financement

M1-3 La définition des principaux sigles utilisés en comptabilité

Sigle	Désignation complète
1. CA	Comptable agréé
2. CNC	Conseil des normes comptables
3. CMA	Comptable en management accrédité
4. IFRS	Normes internationales d'information financière (*International Financial Reporting Standards*)
5. CGA	Comptables généraux accrédités

Exercices

E1-1 Les éléments des états financiers

Pa	1. Créditeurs et charges à payer (Fournisseurs)
A	2. Débiteurs (Clients)
A	3. Trésorerie et équivalents de trésorerie
C	4. Coût des ventes
A	5. Immobilisations
C	6. Impôts sur les bénéfices (Impôts sur le résultat)
C	7. Frais financiers
A	8. Stocks
CP	9. Capital-actions (Capital social)
C	10. Frais d'expoitation (Charges opérationnelles)
Pa	11. Dette à long terme (Dette non courante)
Pr	12. Chiffre d'affaires

E1-3 Les éléments des états financiers

Pa	1.	Créditeurs et charges à payer (Fournisseurs)
A	2.	Débiteurs (Clients)
C	3.	Coût des produits vendus (Coût des ventes)
C	4.	Frais de vente, généraux et administratifs
A	5.	Trésorerie et équivalents de trésorerie
Pa	6.	Dette à long terme (Dette non courante)
A	7.	Stocks
A	8.	Immobilisations corporelles
C	9.	Impôts sur les bénéfices (Impôts sur le résultat)
Pr	10.	Ventes

E1-5 La préparation d'un état de la situation financière

1.

Lecture à volonté
État de la situation financière
au 31 décembre 2012
(en dollars canadiens)

Actif		Passif	
Trésorerie	50 900	Fournisseurs	10 000
Clients	26 000	Effets à payer	2 000
Matériel de magasin et de bureau	48 000	Intérêts à payer	120
		Total du passif	12 120
		Capitaux propres	
		Capital social	100 000
		Résultats non distribués	12 780
		Total des capitaux propres	112 780
Total de l'actif	124 900	**Total du passif et des capitaux propres**	124 900

2. Le résultat net pour l'année est de 12 780 $. Comme il s'agissait de la première année d'activité, aucun dividende n'a été déclaré ou versé aux actionnaires.

E1-7 La préparation d'un état du résultat global

Bombardier
État du résultat global
période close le 31 janvier
(en millions de dollars états-uniens)

Produits

Revenus de fabrication	14 739
Autres revenus	4 627
	19 366

Charges

Coût des ventes	16 202
Frais de vente et d'administration	1 453
Frais de recherche et développement	141
Dépenses de financement	183
Autres charges	472
	18 451
Résultat avant impôts	915
Impôts sur le résultat	208
Résultat net	707

E1-9 L'équation comptable

A) Résultat net = 100 000 $ – 82 000 $ = <u>18 000 $</u>

Capitaux propres = 150 000 $ – 70 000 $ = <u>80 000 $</u>

B) Total des produits = 80 000 $ + 12 000 $ = <u>92 000 $</u>

Total du passif = 112 000 $ – 60 000 $ = <u>52 000 $</u>

C) Résultat net = 80 000 $ – 86 000 $ = <u>(6 000) $</u>

Capitaux propres = 104 000 $ – 26 000 $ = <u>78 000 $</u>

D) Total des charges = 50 000 $ – 13 000 $ = <u>37 000 $</u>

Total de l'actif = 22 000 $ + 77 000 $ = <u>99 000 $</u>

E) Total des produits = 81 000 $ – 6 000 $ = <u>75 000 $</u>

Total du passif = 99 000 $ – 28 000 $ = <u>71 000 $</u>

E1-11 La préparation d'un état des variations des capitaux propres

Médiatique
État des variations des capitaux propres
période close le 31 décembre 2012
(en dollars canadiens)

	Capital social	Résultats non distribués	Total des capitaux propres
Soldes au 1er janvier 2012*	120 000	21 000	141 000
Résultat net		45 000	45 000
Dividendes		(20 000)	(20 000)
Soldes au 31 décembre 2012	120 000	46 000	166 000

* Résultats non distribués au 1er janvier 2012 = Résultat net en 2011 – Dividendes en 2011
21 000 $ = 36 000 $ – 15 000 $

E1-13 Le tableau des flux de trésorerie

(O)	1.	Sommes versées aux fournisseurs et aux employés
I	2.	Encaissements tirés de la vente d'un placement
(O)	3.	Impôts payés
O	4.	Intérêts et dividendes reçus
(I)	5.	Achat d'immobilisations
O	6.	Sommes reçues des clients
(O)	7.	Intérêts payés
(F)	8.	Remboursement des emprunts

E1-15 L'analyse des flux de trésorerie liés aux activités opérationnelles

1.

Peinture Paul
Flux de trésorerie liés aux activités opérationnelles
mois de janvier 2014
(en dollars canadiens)

Encaissements	
Services rendus et encaissés	95 000
Décaissements	
Salaires	50 000
Autres charges	26 000
	76 000
Variation nette de la trésorerie	19 000

2. Conciliation avec le résultat net :

Résultat net	30 875
Services rendus à crédit	(30 500)
Charges non payées en janvier (3 000 $ + 2 000 $ + 13 625 $)	18 625
Variation nette de la trésorerie	19 000

Problèmes

P1-1 La préparation d'un état de la situation financière, d'un état du résultat global et d'un état des variations des capitaux propres

1.

BIOTO
État du résultat global
période close le 31 décembre 2012
(en dollars canadiens)

Ventes	155 000
Charges, y compris le coût des ventes	104 100
Résultat avant impôts	50 900
Impôts sur le résultat*	12 725
Résultat net	38 175

* 50 900 $ × 25 %

2.

BIOTO
État des variations des capitaux propres
période close le 31 décembre 2012
(en dollars canadiens)

	Capital social	Résultats non distribués	Total des capitaux propres
Soldes au 1er janvier 2012	—	—	—
Résultat net		38 175	38 175
Émission d'actions	87 000		87 000
Dividendes versés		(10 000)	(10 000)
Soldes au 31 décembre 2012	87 000	28 175	115 175

3.

BIOTO
État de la situation financière
au 31 décembre 2012
(en dollars canadiens)

Actif

Trésorerie	20 000
Clients	12 000
Stock de marchandises	90 000
Matériel	45 000
Total de l'actif	167 000

Passif

Fournisseurs	49 825
Salaires à payer	2 000
Total du passif	51 825

Capitaux propres

Capital social	87 000
Résultats non distribués	28 175
Total des capitaux propres	115 175
Total du passif et des capitaux propres	167 000

P1-3 La comparaison du résultat et des flux de trésorerie

1. Résumé des activités   **2.** Explication

	Résultat	Trésorerie	
a)	+66 000 $	+55 000 $	Les services rendus augmentent le résultat. La somme d'argent reçue durant cette période est de 66 000 $ × 5/6 = 55 000 $.
b)	0	+30 000	Un emprunt n'est ni un produit, ni une charge.
c)	0	–32 000	L'achat du camion ne représente pas une charge ; le décaissement est de 32 000 $.
d)	–36 000	–30 000	Toutes les charges viennent réduire le résultat ; le décaissement est de 36 000 $ – 6 000 $ = 30 000 $.
e)	–2 400	–2 250	Toutes les fournitures n'ont pas été utilisées. Le montant de la charge est de 3 000 $ × 4/5 = 2 400 $. Le montant du décaissement durant le trimestre est de 3 000 $ × 3/4 = 2 250 $.
f)	–21 000	–10 500	Tous les salaires viennent réduire le résultat. Le montant du décaissement durant le trimestre est de 21 000 $ × 1/2 = 10 500 $.

3. En fonction des données ci-dessus :

Résultat net	6 600 $
Encaissements (décaissements)	10 250 $

Les décisions d'investissement et de financement et l'état de la situation financière

Questions

1. Le principal objectif de l'information financière est de fournir de l'information utile sur une entité afin d'aider les investisseurs, prêteurs et créanciers à prendre des décisions financières éclairées. Ces utilisateurs doivent avoir une compréhension raisonnable des concepts et processus comptables.

2. a) L'actif est constitué de ressources contrôlées par l'entité du fait d'événements passés desquels des avantages économiques futurs sont attendus par l'entité.

   b) L'actif courant comprend la trésorerie et les autres actifs que l'entité s'attend nor- malement à réaliser, vendre ou consommer au cours de l'année qui suit la date de l'état de la situation financière. Les stocks sont toujours considérés comme un actif courant, peu importe le temps nécessaire pour les produire et les vendre.

   c) Le passif représente les obligations actuelles de l'entité résultant d'événements passés et dont l'extinction devrait se traduire par une sortie de ressources re- présentative d'avantages économiques.

   d) Le passif courant comprend les obligations dont l'entité devra s'acquitter au cours de l'année qui suit la date de l'état de la situation financière.

   e) Le capital social désigne le capital investi par les actionnaires dans l'entreprise.

   f) Les résultats non distribués désignent les résultats cumulatifs qui n'ont pas été distribués aux actionnaires et qui sont réinvestis dans l'entreprise.

3. a) Selon le concept de l'entité, les activités de l'entreprise sont séparées et distinctes de celles de ses propriétaires. Par exemple, si un propriétaire achète un camion pour son usage personnel, cet achat ne doit pas être inscrit comme un actif de l'entreprise.

   b) La comptabilité d'engagement consiste à comptabiliser les faits économiques au moment où ils se produisent, peu importe celui où les entrées et sorties de fonds ont lieu.

   c) Selon le concept de la continuité de l'exploitation, on présume que l'entreprise poursuivra ses activités dans un avenir prévisible.

   d) Le coût historique est une convention d'évaluation selon laquelle il faut utili- ser la valeur d'acquisition pour comptabiliser les éléments figurant aux états financiers. En résumé, les actifs sont comptabilisés en fonction de la valeur de la contrepartie des ressources cédées pour les obtenir, qu'elles soient mo- nétaires ou non. Il faut donc tenir compte de la valeur monétaire de toutes les autres compensations offertes lors de l'acquisition.

4. Une opération commerciale peut découler soit d'événements extérieurs à l'entreprise, soit d'événements internes. Dans le premier cas, il s'agit d'un échange

de ressources ou de services (actif), ou de promesses de payer (passif) entre une entité et une ou plusieurs sociétés externes. Dans le deuxième cas, l'opération ne découle pas d'une transaction d'échange, mais a tout de même un effet sur l'entité. Un exemple du premier type d'opération serait la vente de biens ou de services. Un exemple du deuxième type d'opération serait la perte subie par une entreprise à la suite d'un incendie.

5. L'équation fondamentale en comptabilité se définit ainsi:

   Actif (A) = Passif (Pa) + Capitaux propres (CP).

6. Un compte est un tableau normalisé que les entreprises utilisent pour accumuler les effets monétaires des opérations sur chacun des postes figurant aux états financiers. Les comptes sont nécessaires pour conserver des traces de toutes les augmentations et diminutions de l'équation fondamentale en comptabilité.

7. Les deux règles qui sont à la base du processus d'analyse des opérations sont les suivantes:
   1) Chaque opération influe au moins sur deux comptes;
   2) L'équation comptable doit demeurer en équilibre après chaque opération.

8. Le taux d'adéquation du capital est calculé en divisant l'actif total moyen par les capitaux propres moyens. Il mesure la relation qui existe entre le total de l'actif et le total des capitaux propres qui servent à financer les actifs. Plus le ratio est élevé, plus le montant des dettes assumées par l'entreprise pour financer ses actifs est important.

9. Nous classons les opérations suivantes comme des activités d'investissement:
   Achat d'immobilisations
   Vente d'immobilisations
   Achat de placements
   Vente de placements
   Prêt à des tierces parties

   Nous classons les opérations suivantes comme des activités de financement:
   Emprunt non courant
   Remboursement de la dette non courante
   Émission d'actions
   Rachat d'actions
   Versement de dividendes

10. Le débit correspond au côté gauche d'un compte; et le crédit, au côté droit d'un compte. Un débit est une augmentation de l'actif; et une diminution du passif et des capitaux propres. Un crédit est l'opposé, soit une diminution de l'actif; et une augmentation du passif et des capitaux propres.

11. Une écriture de journal est une méthode comptable qui permet d'enregistrer une opération dans les comptes de l'entreprise.

12. Une entreprise à capital fermé est une société à but lucratif qui n'a pas d'obligation d'information du public.

Mini-exercices

M2-1 L'association de définitions et de termes

Définition	Terme
C	1. Concept de l'entité
H	2. Coût historique
F	3. Continuité de l'exploitation
A	4. Actif
E	5. Compte

M2-3 L'analyse des opérations

N	1. La société a commandé des fournitures de bureau qui seront livrées la semaine prochaine.
N	2. Six investisseurs de la société Tremblay ont vendu leurs actions à un autre investisseur.
O	3. La société a prêté 150 000 $ à un membre de son conseil d'administration.
O	4. La société Tremblay a acheté une machine qu'elle a payée en signant un effet à payer.
N	5. Le propriétaire fondateur, Georges Tremblay, a acquis des actions supplémentaires d'une autre entreprise.
O	6. La société a emprunté 1 000 000 $ à la banque.

M2-5 L'effet de plusieurs opérations sur les états financiers

	Actif		=	Passif		+	Capitaux propres	
a)	Trésorerie	+20 000		Effets à payer	+20 000			
b)	Trésorerie	+30 000					Capital social	+30 000
c)	Trésorerie	−5 000		Effets à payer	+10 000			
	Équipement	+15 000						
d)	Trésorerie	−2 000					Résultats non distribués	−2 000
e)	Trésorerie	−7 000						
	Effets à recevoir	+7 000						

M2-7 Les notions de débit et de crédit

	Augmentation	Diminution
Actif	Débit	Crédit
Passif	Crédit	Débit
Capitaux propres	Crédit	Débit

M2-9 Les comptes en T

Trésorerie				
Solde	2 000			
a)	20 000	5 000	c)	
b)	30 000	2 000	d)	
		7 000	e)	
	38 000			

Équipement			
Solde	16 300		
c)	15 000		
	31 300		

Effets à recevoir			
Solde	0		
e)	7 000		
	7 000		

Effets à payer			
		3 000	Solde
		20 000	a)
		10 000	c)
		33 000	

Capital social		
	5 500	Solde
	30 000	b)
	35 500	

Résultats non distribués			
		9 800	Solde
d)	2 000		
		7 800	

M2-11 Le calcul et l'interprétation du taux d'adéquation du capital

1. $$\text{Taux d'adéquation du capital} = \frac{\text{Actif total moyen}}{\text{Capitaux propres moyens}} = \frac{260\,000\$^*}{150\,000\$^{**}} = 1,73$$

   * (240 000 $ + 280 000 $) ÷ 2
   ** (140 000 $ + 160 000 $) ÷ 2

2. Ce ratio indique que, pour chaque 1 $ de capital investi, Tanguay maintient 1,73 $ d'actif. Donc, le 0,73 $ (1,73 − 1,00 = 0,73) d'actif additionnel est financé au moyen de la dette. Le ratio de Tanguay est inférieur à celui de LVMH (2,23). Ce résultat indique que Tanguay utilise moins la dette pour financer ses actifs et est donc moins risquée que LVMH.

   Par contre, comme on ne sait pas dans quel secteur d'activité évolue Tanguay, il est difficile de comparer les deux entreprises.

Exercices

E2-1 L'association de définitions et de termes

Définition	Terme
E	1. Opération
N	2. Comptabilité d'engagement
B	3. État de la situation financière
O	4. Passif
D	5. Objectif de l'information financière
A	6. Actif courant
L	7. Effets à payer
H	8. Capital social
M	9. Résultats non distribués
I	10. Activités d'investissement

E2-3 Le classement des postes

ANC	1.	Terrain
CP	2.	Résultats non distribués
PC	3.	Impôts à payer
AC	4.	Charges payées d'avance
AC	5.	Stocks
CP	6.	Capital social
ANC	7.	Matériel et outillage
PC	8.	Fournisseurs
AC	9.	Clients
PNC	10.	Effets à payer (dans trois ans)

E2-5 L'analyse des opérations

1.

	Actif		=	Passif		+	Capitaux propres	
a)	Immeuble	+182,0		Effets à payer	+155,8			
	Équipement	+21,9						
	Trésorerie	−48,1						
b)	Trésorerie	+253,6					Capital social	+253,6
c)				Dividendes à payer	+179,2		Résultats non distribués	−179,2
d)	Trésorerie	−400,8						
	Placements	+400,8						
e)	Sans effet sur la société							
f)	Trésorerie	+1,4						
	Effets à recevoir	−1,4						

2. Selon le concept de l'entité, les opérations de l'entreprise sont séparées de celles de ses propriétaires. Puisque l'opération e) s'est produite entre les propriétaires (actionnaires) et d'autres parties sur le marché boursier, elle n'a aucun effet sur la situation de l'entreprise.

E2-7 La comptabilisation des opérations

1. Tous les montants sont en millions de dollars états-uniens.

a)	Immeuble (+A)	182,0	
	Équipement (+A)	21,9	
	Trésorerie (−A)		48,1
	Effets à payer (+Pa)		155,8
b)	Trésorerie (+A)	253,6	
	Capital social (+CP)		253,6
c)	Résultats non distribués (−CP)	179,2	
	Dividendes à payer (+Pa)		179,2
d)	Placements (+A)	400,8	
	Trésorerie (−A)		400,8
e)	Aucune écriture de journal nécessaire		
f)	Trésorerie (+A)	1,4	
	Effets à recevoir (−A)		1,4

2. Selon le concept de l'entité, les opérations de l'entreprise sont séparées de celles de ses propriétaires. Puisque l'opération e) s'est produite entre les propriétaires (actionnaires) et d'autres parties sur le marché boursier, elle n'a aucun effet sur la situation de l'entreprise.

E2-9 L'analyse des opérations et l'établissement d'un état de la situation financière

1.

Opération	Explication
1	Émission d'actions pour une valeur de 16 000 $ reçue comptant.
2	Emprunt de 70 000 $ et signature d'un effet à payer.
3	Achat d'un terrain de 16 000 $, 5 000 $ payés comptant, et signature d'un effet à payer de 11 000 $.
4	Prêt de 4 000 $ et signature d'un effet à recevoir.
5	Achat de 9 000 $ de matériel, payés comptant.
6	Achat d'un terrain de 4 000 $ et signature d'un effet à payer pour le montant total.

2.

Lito
État de la situation financière
au 7 janvier 2012
(en dollars canadiens)

Actif	
Courants	
Trésorerie	68 000
Effets à recevoir	4 000
Actifs courants	72 000
Non courants	
Terrain	20 000
Matériel	9 000
Actifs non courants	29 000
Total de l'actif	101 000
Passif et capitaux propres	
Passif	
Courants	
Effets à payer	85 000
Passifs courants	85 000
Total du passif	85 000
Capitaux propres	
Capital social	16 000
Total des capitaux propres	16 000
Total du passif et des capitaux propres	101 000

E2-11 La passation d'écritures de journal

1.

	Actif		=	Passif		+	Capitaux propres	
a)	Trésorerie	+60 000					Capital social	+60 000
b)	Trésorerie	+80 000		Effets à payer	+80 000			
c)	Matériel	+40 000		Effets à payer	+30 000			
	Trésorerie	−10 000						
d)	Aucun effet sur l'équation comptable							
e)	Effets à recevoir	+4 000						
	Trésorerie	−4 000						
f)	Outillage	+20 000						
	Trésorerie	−20 000						

2.

a) Trésorerie (+A)   60 000

    Capital social (+CP)   60 000

b) Trésorerie (+A)   80 000

    Effets à payer (+Pa)   80 000

c) Matériel (+A)   40 000

    Trésorerie (−A)   10 000

    Effets à payer (+Pa)   30 000

d) Puisqu'il n'y a pas eu d'échange de biens ou de services, il ne s'agit pas d'une opération. Cette commande n'exige aucune écriture comptable.

e) Effets à recevoir (+A)   4 000

    Trésorerie (−A)   4 000

f) Outillage (+A)   20 000

    Trésorerie (−A)   20 000

E2-13 L'établissement d'un état de la situation financière

Drago
État de la situation financière
au 31 décembre 2013
(en dollars canadiens)

Actif

Courants

Trésorerie	6 700
Placements	2 000
Actifs courants	8 700

Non courants

Immobilisations corporelles	3 000
Actifs non courants	3 000
Total de l'actif	11 700

Passif et capitaux propres

Passif

Courants

Effets à payer	4 000
Passifs courants	4 000
Total du passif	4 000

Capitaux propres

Capital social	6 000
Résultats non distribués	1 700
Total des capitaux propres	7 700
Total du passif et des capitaux propres	11 700

E2-15 L'analyse des opérations à partir des comptes en T

a) Émission d'actions d'une valeur de 20 000 $ en échange de 17 000 $ comptant et de 3 000 $ d'équipement.

b) Achat d'un immeuble de 50 000 $: 10 000 $ sont payés comptant; signature d'un effet à payer de 40 000 $ pour le solde.

c) Prêt de 1 500 $; l'emprunteur a signé un effet à recevoir pour ce montant.

d) Vente au comptant de 800 $ d'équipement au coût d'acquisition.

E2-17 Le tableau des flux de trésorerie

Opération	Type d'activité	Effet sur les flux de trésorerie
a) Acquisitions d'immobilisations corporelles	I	−
b) Dividende payé aux actionnaires	F	−
c) Produit de la cession d'immobilisations corporelles	I	+
d) Emprunts et avances bancaires	F	+
e) Rachat d'actions ordinaires	F	−
f) Cessions d'entreprises	I	+
g) Produit net de l'émission d'actions	F	+

E2-19 La recherche d'information financière

1. Total de l'actif courant — Dans la section «Actif» de l'état de la situation financière

2. Montant de la dette à long terme remboursé au cours de la période — Dans la section «Activités de financement» du tableau des flux de trésorerie

3. Trésorerie reçue pour la vente d'actifs non courants — Dans la section «Activités d'investissement» du tableau des flux de trésorerie

4. Dividendes payés au cours de la période — Dans la section «Activités de financement» du tableau des flux de trésorerie

5. Fournisseurs — Dans la section «Passif courant» de l'état de la situation financière

6. Date de l'état de la situation financière — Dans l'intitulé de l'état de la situation financière

Problèmes

P2-1 La détermination des postes de l'état de la situation financière

Compte	Section de l'état de la situation financière	Solde
1. Découvert bancaire	PC	Créditeur
2. Charges payées d'avance	AC	Débiteur
3. Stocks	AC	Débiteur
4. Immobilisations corporelles	ANC	Débiteur
5. Capital-actions (Capital social)	CP	Créditeur
6. Créditeurs et charges à payer (Fournisseurs)	PC	Créditeur
7. Placements	AC	Débiteur
8. Écarts d'acquisition (Goodwill)	ANC	Débiteur
9. Dette à long terme	PNC	Créditeur
10. Impôts à payer	PC	Créditeur
11. Débiteurs (Clients)	AC	Débiteur

P2-3 L'analyse des opérations, l'établissement d'un état de la situation financière et l'évaluation du taux d'adéquation du capital

1.

	Actif						= Passif		+ Capitaux propres
	Trésorerie	Placements	Effets à recevoir non courants	Immob. incorpo-relles	Usine	Matériel	Effets à payer courants	Effets à payer non courants	Capital social
Solde*	35 000	3 000	2 000	5 000	150 000	80 000	12 000	80 000	150 000
a)	−10 000					+30 000	+20 000		
b)	+20 000								+20 000
c)	−10 000		+10 000						
d)	−15 000	+15 000							
e)	+20 000						+20 000		
f)	−6 000			+6 000					
g)	−15 000				+42 000			+27 000	
h)	Aucun effet sur l'équation comptable								
i)	+2 000					−2 000			
Solde	21 000	18 000	12 000	11 000	192 000	108 000	52 000	107 000	170 000

* Seuls les comptes touchés par les opérations décrites dans le problème sont inscrits dans le tableau.

OU

Trésorerie			
Solde	35 000		
b)	20 000	10 000	a)
e)	20 000	10 000	c)
i)	2 000	15 000	d)
		6 000	f)
		15 000	g)
	21 000		

Placements		
Solde	3 000	
d)	15 000	
	18 000	

Clients		
Solde	5 000	
	5 000	

Stocks		
Solde	40 000	
	40 000	

Effets à recevoir non courants		
Solde	2 000	
c)	10 000	
	12 000	

Matériel			
Solde	80 000		
a)	30 000	2 000	i)
	108 000		

Usine		
Solde	150 000	
g)	42 000	
	192 000	

Immobilisations incorporelles		
Solde	5 000	
f)	6 000	
	11 000	

Fournisseurs		
	25 000	Solde
	25 000	

Charges à payer		
	3 000	Solde
	3 000	

Effets à payer courants		
	12 000	Solde
	20 000	a)
	20 000	e)
	52 000	

Effets à payer non courants		
	80 000	Solde
	27 000	g)
	107 000	

Capital social		
	150 000	Solde
	20 000	b)
	170 000	

Résultats non distribués		
	50 000	Solde
	50 000	

2. Aucun enregistrement à effectuer pour l'opération h). L'engagement ne comporte aucun échange de biens ou de services. Ainsi, il ne s'agit pas d'une opération.

3.

Plastiques Lévesque
État de la situation financière
au 31 décembre 2013
(en dollars canadiens)

Actif

Courants

Trésorerie	21 000
Placements	18 000
Clients	5 000
Stocks	40 000
Actifs courants	84 000

Non courants

Effets à recevoir	12 000
Matériel	108 000
Usine	192 000
Immobilisations incorporelles	11 000
Actifs non courants	323 000
Total de l'actif	407 000

Passif et capitaux propres

Passif

Courants

Fournisseurs	25 000
Charges à payer	3 000
Effets à payer	52 000
Passifs courants	80 000

Non courants

Effets à payer	107 000
Passifs non courants	107 000
Total du passif	187 000

Capitaux propres

Capital social	170 000
Résultats non distribués	50 000
Total des capitaux propres	220 000
Total du passif et des capitaux propres	407 000

4. $$\text{Taux d'adéquation du capital} = \frac{\text{Actif total moyen}}{\text{Capitaux propres moyens}} = \frac{(320\,000\,\$ + 407\,000\,\$) \div 2}{(200\,000\,\$ + 220\,000\,\$) \div 2} = 1,73$$

Ce ratio indique que, pour chaque 1 $ de capital investi, Plastiques Lévesque maintient 1,73 $ d'actif. Donc, le 0,73 $ (1,73 − 1,00 = 0,73) d'actif additionnel est financé au moyen de la dette. Par conséquent, la société utilise davantage le capital que la dette pour financer ses actifs.

P2-5 L'analyse des opérations, la passation des écritures de journal, le report dans les comptes en T, l'établissement d'un état de la situation financière et l'évaluation du taux d'adéquation du capital

1.

	Actif			=		Passif		+	Capitaux propres
	Trésorerie	Placements	Immobilisations	Autres actifs courants	Dividendes à payer	Emprunts bancaires	Emprunts à long terme		Capital social
a)	−27				−27				
b)	+200								+200
c)	−10	+10							
d)	−261		+540				+279		
e)	−25			+25					
f)	+30					+30			
Total	−93	+10	+540	+25	−27	+30	+279		+200

Note: Seuls les comptes touchés par les opérations décrites dans le problème sont inscrits dans le tableau.

2.

a) Dividendes à payer (−Pa)   27
      Trésorerie (−A)   27

b) Trésorerie (+A)   200
      Capital social (+CP)   200

c) Placements (+A)   10
      Trésorerie (−A)   10

d) Immobilisations (+A)   540
      Trésorerie (−A)   261
      Emprunts à long terme (+Pa)   279

e) Effet à recevoir* (+A)   25
      Trésorerie (−A)   25

f) Trésorerie (+A)   30
      Emprunts bancaires (+Pa)   30

* Classé dans les autres actifs courants.

3.

Trésorerie

Solde	96,5			
b)	200,0	27,0	a)	
f)	30,0	10,0	c)	
		261,0	d)	
		25,0	e)	
	3,5			

Placements

Solde	40,6		
c)	10,0		
	50,6		

Immobilisations

Solde	4 318,0		
d)	540,0		
	4 858,0		

Autres actifs courants

Solde	138,7	
e)	25,0	
	163,7	

Dividendes à payer

		27,0	Solde
a)	27,0		
		0	

Emprunts bancaires

	13,6	Solde
	30,0	f)
	43,6	

Emprunts à long terme

	4 687,7	Solde
	279,0	d)
	4 966,7	

Capital social

	346,6	Solde
	200,0	b)
	546,6	

4.

Cardinal inc.
État de la situation financière
au 31 janvier 2013
(en milliers de dollars canadiens)

Actif

Courants

Trésorerie	3,5
Placements	50,6
Clients	916,0
Stocks	579,3
Charges payées d'avance	45,0
Autres actifs courants	163,7
Actifs courants	1 758,1

Non courants

Placements	332,5
Immobilisations	4 858,0
Autres actifs non courants	492,3
Goodwill	2 944,9
Actifs non courants	8 627,7
Total de l'actif	10 385,8

Passif et capitaux propres

Passif

Courants

Emprunts bancaires	43,6
Fournisseurs et charges à payer	1 804,0
Montant additionnel à payer	111,7
Partie courante des emprunts à long terme	17,6
Passifs courants	1 976,9

Non courants

Emprunts à long terme	4 966,7
Autres passifs courants	1 610,1
Passifs non courants	6 576,8
Total du passif	8 553,7

Capitaux propres

Capital social	546,6
Résultats non distribués	1 285,5
Total des capitaux propres	1 832,1
Total du passif et des capitaux propres	10 385,8

5.

$$\text{Taux d'adéquation du capital} = \frac{\text{Actif total moyen}}{\text{Capitaux propres moyens}} = \frac{(9\ 903,8 + 10\ 385,8) \div 2}{(1\ 632,1 + 1\ 832,1) \div 2} = 5,86$$

Ainsi, pour chaque 1 \$ de capital investi, Cardinal maintient 5,86 \$ d'actif. Donc, le 4,86 \$ (5,86 − 1,00 = 4,86) d'actif additionnel est financé au moyen de la dette. Ce ratio indique que Cardinal utilise beaucoup plus le financement au moyen de la dette que le financement au moyen de l'émission d'actions. La société est donc relativement risquée pour les fournisseurs de capitaux.

CHAPITRE 3

Les activités d'exploitation et l'état du résultat global

Questions

1. Le cycle d'exploitation est la période qui s'écoule entre l'achat de matières premières ou de marchandises auprès des fournisseurs, la vente de biens aux clients et le recouvrement des sommes dues par ceux-ci.

2. Le concept de l'indépendance des périodes suppose que la vie d'une entreprise peut être découpée en périodes plus courtes, habituellement en mois, en trimestres, en semestres ou en années.

3. Produits – Charges = Résultat net.

   L'état du résultat global comprend deux éléments:

   1) Les produits représentent les accroissements des avantages économiques au cours d'une période, ce qui a pour conséquence d'augmenter les capitaux propres;

   2) Les charges représentent les diminutions des avantages économiques au cours d'une période, ce qui a pour conséquence de diminuer les capitaux propres.

4. Une dépense est une sortie de trésorerie, alors qu'une charge est une diminution de l'actif ou une augmentation du passif en vue d'engendrer des produits. Toutes les dépenses ne sont pas des charges; par exemple, le remboursement d'un emprunt implique une sortie de trésorerie, mais ne sert pas à engendrer un produit.

5. La méthode de la comptabilité d'engagement consiste à comptabiliser les produits quand ils sont gagnés et les charges quand elles sont engagées, et ce, sans considération du moment où les opérations sont réglées par une entrée ou une sortie de trésorerie. La méthode de la comptabilité de caisse consiste à comptabiliser les produits au moment où ils sont encaissés et les charges au moment où elles sont payées.

6. En cas de vente de biens, on peut comptabiliser un produit si:

   a) les risques et avantages liés au bien ont été transférés à l'acheteur;

   b) le vendeur n'a plus de droit de gestion ou de contrôle sur le bien;

   c) le montant de la vente peut être évalué de façon fiable;

   d) le recouvrement est probable;

   e) les coûts liés à la transaction peuvent être évalués de façon fiable.

7. Selon le concept du rattachement des charges aux produits, les charges sont comptabilisées dans la même période que les produits qu'elles ont contribué à créer.

8. Le résultat net est égal aux produits moins les charges. Ainsi, les produits augmentent le résultat net et les charges le diminuent. Puisque le résultat net augmente les capitaux propres, les produits augmentent les capitaux propres et les charges les diminuent.

9. Les produits augmentent les capitaux propres et les charges les diminuent. Pour augmenter les capitaux propres, il faut les créditer et pour les diminuer, il faut les débiter. Ainsi, les produits sont des postes créditeurs et les charges sont des postes débiteurs.

10.

Poste	Augmentation	Diminution
Produits	Crédit	Débit
Charges	Débit	Crédit

11.

Opération	Activités opérationnelles, d'investissement ou de financement	Effet sur la trésorerie
Sommes versées aux fournisseurs	Activités opérationnelles	−
Vente de biens à crédit	AE	AE
Sommes reçues des clients	Activités opérationnelles	+
Achat de placements	Activités d'investissement	−
Intérêts payés	Activités opérationnelles	−
Émission d'actions au comptant	Activités de financement	+

12. On calcule le taux de rotation de l'actif total ainsi: Chiffre d'affaires net ÷ Actif total moyen.

Le taux de rotation de l'actif total mesure le montant des ventes réalisé pour chaque dollar d'actif détenu. Un taux de rotation élevé signifie que l'entreprise gère efficacement ses actifs.

13. Selon les IFRS, on trouve deux éléments dans l'état du résultat global, soit les produits et les charges. Selon les NCECF, l'état des résultats comporte quatre éléments, soit les produits, les gains, les charges et les pertes.

Mini-exercices

M3-1 L'association de définitions et de termes

Définition	Terme
A	1. Charges
D	2. Rattachement des charges aux produits
F	3. Produits
C	4. Concept de l'indépendance des périodes
E	5. Cycle d'exploitation

M3-3 La détermination des produits

Opération	Compte touché	Produit gagné en juillet
a)	Ventes de parties	11 000 $
b)	Ventes de matériel	6 000 $
c)	Aucun	Pas de produit en juillet; encaissement en juillet de produits gagnés en juin
d)	Aucun	Pas de produit en juillet, car le service n'a pas encore été rendu; il s'agit d'un produit différé (passif).

M3-5 La comptabilisation des produits

Équation comptable:

Opération	Actif		=	Passif		+	Capitaux propres	
a)	Trésorerie	+11 000					Ventes de parties	+11 000
b)	Trésorerie	+4 000					Ventes de matériel	+6 000
	Clients	+2 000						
c)	Trésorerie	+1 500						
	Clients	−1 500						
d)	Trésorerie	+1 600		Produits différés	+1 600			

Écritures de journal:

a) Trésorerie (+A)   11 000

   Ventes de parties (+Pr, +CP)   11 000

b) Trésorerie (+A)   4 000

  Clients (+A)   2 000

   Ventes de matériel (+Pr, +CP)   6 000

c) Trésorerie (+A)   1 500

   Clients (−A)   1 500

d) Trésorerie (+A)   1 600

   Produits différés (+Pa)   1 600

M3-7 L'effet des produits sur les états financiers

Opération	État de la situation financière			État du résultat global		
	Actif	Passif	Capitaux propres	Produits	Charges	Résultat net
a)	+11 000	AE	+11 000	+11 000	AE	+11 000
b)	+4 000 +2 000	AE	+6 000	+6 000	AE	+6 000
c)	+1 500 −1 500	AE	AE	AE	AE	AE
d)	+1 600	+1 600	AE	AE	AE	AE

L'opération c) produit une augmentation de l'actif (Trésorerie) et une diminution de l'actif (Clients).

M3-9 L'état du résultat global

Quilles Robert
État du résultat global
mois de juillet 2012
(en dollars canadiens)

Produits

Ventes de parties	11 000
Ventes de matériel de jeu	6 000
	17 000

Charges

Coût des ventes	2 190
Électricité	2 300
Salaires	3 800
Assurances	600
Entretien et réparation	1 200
	10 090

Résultat net | 6 910 |

M3-11 Le taux de rotation de l'actif total

$$\text{Taux de rotation de l'actif total} = \frac{\text{Chiffre d'affaires net}}{\text{Actif total moyen}}$$

2012
$$= \frac{147\,000\,\$}{47\,000\,\$^{*}} = 3{,}13$$

2013
$$\frac{156\,000\,\$}{56\,500\,\$^{**}} = 2{,}76$$

* (41 000 $ + 53 000 $) ÷ 2
** (53 000 $ + 60 000 $) ÷ 2

La diminution du taux de rotation de l'actif total suggère que l'entreprise gère ses actifs moins efficacement qu'auparavant, générant ainsi moins de ventes par dollar d'actif en 2013 qu'en 2012.

Exercices

E3-1 L'association de définitions et de termes

Terme	Définition
E	1. Chiffre d'affaires net ÷ Actif total moyen
G	2. Flux de trésorerie liés aux activités opérationnelles
F	3. NCECF
I	4. Comptabilité de caisse
D	5. Produit différé
C	6. Cycle d'exploitation
M	7. Comptabilité d'engagement
K	8. Charges payées d'avance
J	9. Produits − Charges = Résultat net
L	10. Résultats non distribués à la clôture de la période = Résultats non distribués à l'ouverture de la période +/− Résultat net − Dividendes

E3-3 La détermination des produits

Opération	Compte touché	Produit gagné en septembre
a)	Ventes	18 400 $
b)	Ventes	48 000 $
c)	Aucun	Aucun transfert de propriété.
d)	Ventes	15 000 $
e)	Aucun	Aucun produit ; encaissement provenant d'une vente déjà comptabilisée à titre de produit en d).
f)	Aucun	Pas de produits gagnés en septembre ; le service n'a pas encore été rendu.
g)	Aucun	Pas de produits, car il s'agit d'une émission d'actions (activité de financement).
h)	Aucun	Pas de produits gagnés en septembre ; le service n'a pas encore été rendu.
i)	Ventes de billets	400 000 $ (2 000 000 $ ÷ 5)
j)	Aucun	Pas de produits gagnés en septembre ; le produit sera comptabilisé selon le degré d'avancement des travaux.
k)	Produits financiers	417 $ (100 000 $ × 5 % × 1/12)
l)	Aucun	Pas de produits gagnés en septembre ; la marchandise n'a pas encore été livrée.
m)	Ventes	100 $

E3-5 L'effet de diverses opérations sur les états financiers

Opération	État de la situation financière			État du résultat global		
	Actif	Passif	Capitaux propres	Produits	Charges	Résultat net
a)	+	AE	+	AE	AE	AE
b)	+	+	AE	AE	AE	AE
c)	+	+	AE	AE	AE	AE
d)	+	AE	+	+	AE	+
e)	AE	+	−	AE	+	−
f)	+	AE	+	+	AE	+
g)	−	−	AE	AE	AE	AE
h)	−	AE	−	AE	+	−
i)	+	AE	+	+	AE	+
j)	−	AE	−	AE	AE	AE
k)	+/−	AE	AE	AE	AE	AE
l)	−	AE	−	AE	+	−
m)	−	+	−	AE	+	−
n)	−	AE	−	AE	+	−

L'opération k) fait augmenter l'actif (Trésorerie) et diminuer l'actif (Clients). C'est pour cette raison qu'il n'y a aucun effet sur l'actif total.

E3-7 L'équation comptable et les écritures de journal

1. Équation comptable:

Opération	Actif		=	Passif	+	Capitaux propres	
a)	Trésorerie	+185 000		Effets à payer	+185 000		
b)	Trésorerie	+8 035				Prestation de services	+29 335
	Clients	+21 300					
c)	Usine	+530 000					
	Trésorerie	−530 000					
d)	Stocks	+23 836		Fournisseurs	+23 836		
e)	Trésorerie	−3 102				Salaires	−3 102
f)	Trésorerie	+21 120					
	Clients	−21 120					
g)	Trésorerie	−730				Carburant	−730
h)	Trésorerie	−310				Dividendes	−310
i)	Trésorerie	−4 035		Fournisseurs	−4 035		
j)	Trésorerie	−5 300		Fournisseurs	+800	Services de communication	−6 100

2. Écritures de journal:

a) Trésorerie (+A)   185 000

         Effets à payer (+Pa)   185 000

b) Trésorerie (+A)   8 035

     Clients (+A)   21 300

         Prestation de services (+Pr, +CP)   29 335

c) Usine (+A)   530 000

         Trésorerie (−A)   530 000

d) Stocks (+A)   23 836

         Fournisseurs (+Pa)   23 836

e) Salaires (+C, −CP)   3 102

         Trésorerie (−A)   3 102

f) Trésorerie (+A)   21 120

         Clients (−A)   21 120

g) Carburant (+C, −CP)   730

         Trésorerie −A)   730

h) Dividendes (−CP)   310

         Trésorerie (−A)   310

i) Fournisseurs (−Pa)   4 035

         Trésorerie (−A)   4 035

j) Services de communication (+C, −CP)   6 100

         Trésorerie (−A)   5 300

         Fournisseurs (+Pa)   800

E3-9 L'équation comptable et les écritures de journal

1. Équation comptable:

Date	Actif		=	Passif		+	Capitaux propres	
02-01	Trésorerie	−525					Frais de location	−525
02-02				Fournisseurs	+590		Carburant	−590
02-04	Trésorerie	+820		Produits différés	+820			
02-07	Trésorerie	+910					Produits de transport	+910
02-10	Trésorerie	−1 300		Salaires à payer	−1 300			
02-14	Trésorerie	−75					Publicité	−75
02-18	Trésorerie Clients	+600 +1 200					Produits de transport	+1 800
02-25	Stock de pièces	+1 550		Fournisseurs	+1 550			
02-27				Dividendes à payer	+250		Dividendes	−250

2. Écritures de journal :

02-01	Frais de location (+C, –CP)	525	
	Trésorerie (–A)		525
02-02	Carburant (+C, –CP)	590	
	Fournisseurs (+Pa)		590
02-04	Trésorerie (+A)	820	
	Produits différés (+Pa)		820
02-07	Trésorerie (+A)	910	
	Produits de transport (+Pr, +CP)		910
02-10	Salaires à payer (–Pa)	1 300	
	Trésorerie (–A)		1 300
02-14	Publicité (+C, –CP)	75	
	Trésorerie (–A)		75
02-18	Trésorerie (+A)	600	
	Clients (+A)	1 200	
	Produits de transport (+Pr, +CP)		1 800
02-25	Stock de pièces (+A)	1 550	
	Fournisseurs (+Pa)		1 550
02-27	Dividendes (–CP)	250	
	Dividendes à payer (+Pa)		250

E3-11 L'établissement d'un état du résultat global, d'un état des variations des capitaux propres et d'un état de la situation financière

1.

Piano Alpha
État du résultat global
mois de janvier 2013
(en dollars canadiens)

Produits	
Produits tirés de rénovations	17 400
Revenus de location	360
	17 760
Charges	
Salaires	12 000
Électricité et gaz	420
	12 420
Résultat net	5 340

2.

Piano Alpha
État des variations des capitaux propres
mois de janvier 2013
(en dollars canadiens)

	Capital social	Résultats non distribués	Total
Solde au 1er janvier 2013	9 600	10 800	20 400
Résultat net		5 340	5 340
Dividendes		(3 600)	(3 600)
Émission d'actions	720		720
Solde au 31 janvier 2013	10 320	12 540	22 860

3.

Piano Alpha
État de la situation financière
au 31 janvier 2013
(en dollars canadiens)

Actif

Courants

Trésorerie	14 160
Clients	22 800
Fournitures	2 400
Actifs courants	39 360

Non courants

Matériel	10 320
Terrain	7 200
Immeuble	26 400
Actifs non courants	43 920
Total de l'actif	83 280

Passif et capitaux propres
Passif
Courants

Fournisseurs et charges courantes à payer	7 980
Produits différés	4 440
Passifs courants	12 420

Non courants

Dette non courante	48 000
Passifs non courants	48 000
Total du passif	60 420

Capitaux propres

Capital social	10 320
Résultats non distribués	12 540
Total des capitaux propres	22 860
Total du passif et des capitaux propres	83 280

E3-13 L'équation comptable et les comptes en T

1. Équation comptable :

Opération	Actif		=	Passif		+	Capitaux propres	
a)	Trésorerie	+40 000					Capital social	+61 500
	Clients	+2 000						
	Matériel	+5 300						
	Véhicule	+13 000						
	Fournitures	+1 200						
b)	Trésorerie	−20 000		Hypothèque à payer	+340 000			
	Immeuble	+360 000						
c)	Trésorerie	+75 000		Effets à payer	+75 000			
d)	Trésorerie	−8 830					Fournitures	−8 830
e)	Trésorerie	+21 900					Ventes de nourriture	+21 900
f)	Trésorerie	+1 700					Services de traiteur	+3 200
	Clients	+1 500						
g)				Charges courantes à payer	+320		Téléphone	−320
h)	Trésorerie	−163					Carburant	−163
i)	Trésorerie	−5 080					Salaires	−5 080
j)	Trésorerie	−600					Dividendes	−600
k)	Trésorerie	−55 000						
	Matériel	+35 000						
	Immeuble	+20 000						

2. et **3.**

Trésorerie			
a)	40 000	20 000	b)
c)	75 000	8 830	d)
e)	21 900	163	h)
f)	1 700	5 080	i)
		600	j)
		55 000	k)
	48 927		

Clients		
a)	2 000	
f)	1 500	
	3 500	

Stock de fournitures		
a)	1 200	
	1 200	

Matériel		
a)	5 300	
k)	35 000	
	40 300	

Véhicule	
a)	13 000
	13 000

Immeuble	
b)	360 000
k)	20 000
	380 000

Charges courantes à payer		
	320	g)
	320	

Effets à payer courants		
	75 000	c)
	75 000	

Hypothèque à payer		
	340 000	b)
	340 000	

Capital social		
	61 500	a)
	61 500	

Résultats non distribués	
j)	600
	600

Ventes de nourriture		
	21 900	e)
	21 900	

Services de traiteur		
	3 200	f)
	3 200	

Fournitures utilisées	
d)	8 830
	8 830

Téléphone	
g)	320
	320

Salaires	
i)	5 080
	5 080

Carburant	
h)	163
	163

E3-15 L'établissement d'un tableau des flux de trésorerie

Gourmet Express inc.
Tableau des flux de trésorerie
mois de mars 2012
(en dollars canadiens)

Activités opérationnelles

Sommes reçues des clients (21 900 $ + 1 700 $)	23 600
Sommes versées aux employés	(5 080)
Sommes versées aux fournisseurs (8 830 $ + 163 $)	(8 993)
Flux de trésorerie liés aux activités opérationnelles	9 527

Activités d'investissement

Achat d'un immeuble	(40 000)
Achat de matériel	(35 000)
Flux de trésorerie liés aux activités d'investissement	(75 000)

Activités de financement

Emprunt	75 000
Émission d'actions	40 000
Dividendes versés	(600)
Flux de trésorerie liés aux activités de financement	114 400

Augmentation nette de trésorerie	48 927
Trésorerie à l'ouverture de la période	0
Trésorerie à la clôture de la période	48 927

Il faut noter qu'une portion des opérations a) et b) est omise du tableau des flux de trésorerie. Toutefois, nous l'abordons dans les prochains chapitres, car ce type d'opération non monétaire d'activités d'investissement et de financement nécessite une attention particulière.

E3-17 L'utilisation des comptes en T

1. L'augmentation des comptes clients provient de ventes à crédit aux clients ; la diminution des comptes clients provient des paiements reçus des clients.

   Les charges payées d'avance proviennent des sorties de trésorerie liées aux périodes futures ; la diminution des charges payées d'avance survient lorsqu'on comptabilise ces charges avec le temps.

   Les produits différés augmentent avec les entrées de trésorerie reçues des clients pour des biens et des services qui leur seront fournis à l'avenir ; ils diminuent lorsque ces biens et services sont fournis.

2.

Clients		
01-01	313	
	2 573	2 591
12-31	295	

Charges payées d'avance		
01-01	25	
	43	42
12-31	26	

Produits différés		
	240	01-01
315	328	
	253	12-31

Vérifications:

	Début	+	«+»	−	«−»	=	Fin
Clients	313	+	2 573	−	?	=	295
					?	=	2 591
Charges payées d'avance	25	+	43	−	?	=	26
					?	=	42
Produits différés	240	+	328	−	?	=	253
					?	=	315

Problèmes

P3-1 Les comptes

Opération	Augmentation	Diminution	Débit	Crédit
a)	5, 21	1	5	1, 21
b)	1, 30	—	1	30
c)	50	1	50	1
d)	1, 40	—	1	40
e)	1	2	1	2
f)	2, 40	—	2	40
g)	50	1	50	1
h)	—	20, 1	20	1
i)	50, 20	—	50	20
j)	3	1	3	1
k)	50	3	50	3
l)	6	1	6	1
m)	52	1, 21	21, 52	1
n)	23, 51	1	51	1, 23
o)	4	1	4	1

P3-3 L'analyse de diverses opérations

1. et **2.**

Opération	État de la situation financière			État du résultat global			Tableau des flux de trésorerie
	Actif	Passif	Capitaux propres	Produits	Charges	Résultat net	
a)	+/−	AE	AE	AE	AE	AE	I
b)	+	AE	+	+	AE	+	O
c)	−	AE	−	AE	+	−	AE
d)	−	AE	−	AE	AE	AE	F
e)	−	+	−	AE	+	−	O
f)	+	AE	+	AE	AE	AE	F
g)	−	AE	−	AE	+	−	O
h)	+/−	+	AE	AE	AE	AE	O

P3-5 L'établissement d'un tableau des flux de trésorerie

Les Passions de Nathalie
Tableau des flux de trésorerie
mois de février 2012
(en dollars canadiens)

Activités opérationnelles

Sommes reçues des clients (4 925 $ + 250 $ + 3 000 $)	8 175
Sommes payées aux employés	(1 420)
Sommes versées aux fournisseurs (5 400 $ + 900 $ + 250 $ + 500 $ + 315 $)	(7 365)
Flux de trésorerie liés aux activités opérationnelles	(610)

Activités d'investissement

Achat d'immobilisations corporelles	(20 000)
Flux de trésorerie liés aux activités d'investissement	(20 000)

Activités de financement

Émission d'actions	16 000
Emprunt bancaire	20 000
Flux de trésorerie liés aux activités de financement	36 000

Augmentation nette de trésorerie	15 390
Trésorerie à l'ouverture de la période	0
Trésorerie à la clôture de la période	15 390

P3-7 L'équation comptable, les écritures de journal et les flux de trésorerie

1. Équation comptable :

Opération	Actif		=	Passif		+	Capitaux propres	
a)	Trésorerie	+459 475					Produits d'admission	+459 475
b)	Trésorerie	−402 200		Fournisseurs	+28 767		Charges opérationnelles	−430 967
c)	Trésorerie	−88 294					Charges financières	−88 294
d)	Trésorerie	+306 914					Ventes	+306 914
	Stocks	−80 202					Coût des ventes	−80 202
e)	Immobilisations corporelles	+1 312 919						
	Trésorerie	−1 312 919						
f)	Trésorerie	+62 910					Produits de location	+65 000
	Clients	+2 090						
g)	Trésorerie	−64 962		Effets à payer	−64 962			
h)	Stocks	+146 100		Fournisseurs	+28 100			
	Trésorerie	−118 000						
i)	Trésorerie	−95 500		Fournisseurs	+5 224		Charges administratives	−100 724
j)	Trésorerie	−29 000		Fournisseurs	−29 600			

2. Écritures de journal:

a) Trésorerie (+A)   459 475

    Produits d'admission (+Pr, +CP)   459 475

b) Charges opérationnelles (+C, –CP)   430 967

    Trésorerie (–A)   402 200

    Fournisseurs (+Pa)   28 767

c) Charges financières (+C, –CP)   88 294

    Trésorerie (–A)   88 294

d) Trésorerie (+A)   306 914

    Ventes (+Pr, + CP)   306 914

    Coût des ventes (+C, –CP)   80 202

    Stocks (–A)   80 202

e) Immobilisations corporelles (+A)   1 312 919

    Trésorerie (–A)   1 312 919

f) Trésorerie (+A)   62 910

    Clients (+A)   2 090

    Produits de location (+Pr, +CP)   65 000

g) Effets à payer (–Pa)   64 962

    Trésorerie (–A)   64 962

h) Stocks (+A)   146 100

    Trésorerie (–A)   118 000

    Fournisseurs (+Pa)   28 100

i) Charges administratives (+C, –CP)   100 724

    Trésorerie (–A)   95 500

    Fournisseurs (+Pa)   5 224

j) Fournisseurs (–Pa)   29 600

    Trésorerie (–A)   29 600

3.

Opération	Activités opérationnelles, d'investissement ou de financement	Effet sur la trésorerie
a)	O	+459 475 $
b)	O	–402 200 $
c)	O	–88 294 $
d)	O	+306 914 $
e)	I	–1 312 919 $
f)	O	+62 910 $
g)	F	–64 962 $
h)	O	–118 000 $
i)	O	–95 500 $
j)	O	–29 600 $

CHAPITRE 4

Le processus de régularisation des comptes

Questions

1. Les écritures de régularisation permettent d'enregistrer, à la fin d'une période, tous les produits et les charges qui n'ont pas encore été comptabilisés et ainsi de mettre à jour l'état du résultat global et l'état de la situation financière. Ces écritures permettent également de respecter les notions de comptabilisation des produits et de rattachement des charges aux produits.

2. Une balance de vérification est la liste de tous les comptes du grand livre, présentant habituellement leur solde débiteur ou créditeur dans le même ordre que dans les états financiers. Elle permet de vérifier l'égalité des débits et des crédits.

3. Les cinq types d'écritures possibles sont les suivants:
   1) Les produits différés sont des produits encaissés et comptabilisés dans un compte de passif jusqu'à ce qu'ils soient gagnés. Exemple: Les loyers encaissés d'avance doivent être régularisés en fonction de la portion gagnée se rattachant à la période courante.
   2) Les produits à recevoir sont des produits gagnés avant l'encaissement. Ils seront encaissés lors d'une période ultérieure. Exemple: Les intérêts gagnés, mais non recouvrés, sur les prêts octroyés à des tierces personnes.
   3) Les charges payées d'avance sont des sommes versées et comptabilisées dans un compte d'actif à titre d'avantages futurs pour l'entreprise jusqu'à ce qu'elles soient utilisées. Exemple: Les assurances payées d'avance doivent être régularisées en fonction de la portion engagée (utilisée) durant la période courante.
   4) Les charges courantes à payer sont des charges engagées avant le décaissement. Ces charges seront payées lors d'une période ultérieure. Exemple: Les salaires gagnés par les employés, mais qui n'ont pas été payés à la fin de la période.
   5) Les charges estimatives sont des charges qui découlent de l'utilisation des biens de l'entreprise ou de la perte de valeur de certains actifs. Exemple: L'amortissement et la dépréciation des comptes clients.

4. Un compte de sens contraire est un compte qui vient réduire le compte correspondant. Exemple: Pour les immobilisations, le compte de sens contraire s'appelle «Amortissement cumulé» et a un solde créditeur.

5. Le résultat net calculé à l'état du résultat global sert à déterminer les résultats non distribués à l'état des variations des capitaux propres, qui sont à leur tour présentés à l'état de la situation financière. La variation du poste Trésorerie à l'état de la situation financière est analysée, puis répartie entre les activités opérationnelles, les activités d'investissement et les activités de financement du tableau des flux de trésorerie.

6. a) État du résultat global: Produits – Charges = Résultat net
   b) État de la situation financière: Actif = Passif + Capitaux propres

c) Tableau des flux de trésorerie : Variation de la trésorerie de la période = Flux de trésorerie liés aux activités opérationnelles ± Flux de trésorerie liés aux activités d'investissement ± Flux de trésorerie liés aux activités de financement

d) État des variations des capitaux propres : Capitaux propres à la clôture = (Capital social à l'ouverture + Émission d'actions − Rachat d'actions) + (Résultats non distribués à l'ouverture + Résultat net − Dividendes déclarés)

7. Les écritures de régularisation n'ont aucun effet sur la trésorerie ni sur les flux de trésorerie. Les régularisations influent sur les comptes d'actif ou de passif pour lesquels des encaissements ou des décaissements ont été effectués en raison de transactions antérieures ou qui seront effectués dans un proche avenir. Au moment de la régularisation, aucun encaissement ou décaissement n'est effectué.

8. Résultat par action = Résultat net ÷ Nombre moyen d'actions émises et en circulation.
Le résultat par action mesure le montant du résultat net de la période attribuable à une action.

9. Pourcentage de la marge nette = Résultat net ÷ Chiffre d'affaires net
Le pourcentage de la marge nette mesure le montant de résultat net pour chaque dollar de vente réalisé durant la période.

10. Une balance de vérification non régularisée est préparée avant les écritures de régularisation. Elle permet de vérifier l'égalité des débits et des crédits et de présenter les comptes dans un format approprié à la régularisation des comptes. Une balance de vérification régularisée est préparée après l'enregistrement des écritures de régularisation. Elle permet de s'assurer de l'exactitude des écritures de régularisation et de vérifier à nouveau l'égalité des débits et des crédits. La balance de vérification régularisée sert à établir les états financiers.

11. Les écritures de clôture ont pour objectif de transférer les comptes de produits et de charges au compte Sommaire des résultats, puis au compte Résultats non distribués. Ces écritures sont inscrites dans le journal général et reportées dans le grand livre afin que le solde des comptes de produits et de charges soit mis à zéro à la fin de la période. Les comptes sont alors prêts pour l'inscription des opérations de la période suivante.

12. Les comptes permanents (comptes de l'état de la situation financière) sont des comptes ayant pour objet de comptabiliser les divers éléments du patrimoine de l'entreprise. Leur solde est reporté d'une période à l'autre (actif, passif et capitaux propres). Les comptes temporaires (ou comptes de résultats) sont des comptes dans lesquels figurent respectivement les produits et les charges d'une période. Ils sont clôturés (mis à zéro) à la fin de chaque période financière.

13. Les comptes de l'état du résultat global sont les seuls à être clôturés, car ils ont pour objectif d'accumuler des données sur la seule période en cours. Les écritures de clôture ramènent le solde des comptes de produits et de charges à zéro. Les comptes de l'état de la situation financière ne sont pas clôturés, car ce sont des comptes permanents. Le solde de clôture d'une période devient le solde d'ouverture de la période suivante.

14. Une balance de vérification après clôture est établie après avoir procédé à la clôture des comptes, afin de vérifier que les débits sont égaux aux crédits et que tous les comptes temporaires ont un solde de zéro. Elle constitue une étape utile mais non obligatoire du cycle comptable, car une balance de vérification après clôture permet de s'assurer que toutes les opérations ont été correctement régularisées avant de commencer une nouvelle période financière.

Mini-exercices

M4-1 L'établissement d'une balance de vérification

Leblanc
Balance de vérification régularisée
au 30 juin 2012
(en milliers de dollars canadiens)

	Débit	Crédit
Trésorerie	150	
Clients	370	
Stocks	660	
Charges payées d'avance	30	
Immeubles et matériel	1 400	
Amortissement cumulé		250
Terrain	300	
Fournisseurs		200
Charges courantes à payer		160
Impôts à payer		50
Produits différés		90
Dette non courante		1 360
Capital social		400
Résultats non distribués		150
Ventes		2 500
Produits financiers		60
Coût des ventes	880	
Salaires	640	
Frais de location	460	
Amortissement	150	
Charges financières	70	
Impôts sur le résultat	110	
Total	5 220	5 220

M4-3 L'association d'opérations et de types de régularisation

Type de régularisation	Opération
A	1. À la fin de la période financière, une partie des salaires gagnés par les employés, d'un montant de 5 600 $, n'avaient pas encore été comptabilisés et payés.
D	2. Des intérêts de 250 $ sur un effet à recevoir avaient été gagnés à la fin de la période, bien que le recouvrement des intérêts ne soit pas exigible avant la prochaine période.
C	3. À la fin de la période financière, un amortissement de 3 000 $ a été calculé pour refléter l'utilisation des immobilisations.
E	4. À la fin de la période, la somme de 2 000 $ avait été encaissée pour des services non rendus.
B	5. Des fournitures de bureau d'une valeur de 500 $ avaient été achetées durant la période. À la fin de la période, des fournitures d'une valeur de 100 $ n'avaient pas encore été utilisées.

M4-5 L'effet des écritures de régularisation sur les états financiers

Opération	État de la situation financière			État du résultat global		
	Actif	Passif	Capitaux propres	Produits	Charges	Résultat net
a)	AE	−900	+900	+900	AE	+900
b)	−950	AE	−950	AE	+950	−950
c)	−3 000	AE	−3 000	AE	+3 000	−3 000

M4-7 L'effet des écritures de régularisation sur les états financiers

Opération	État de la situation financière			État du résultat global		
	Actif	Passif	Capitaux propres	Produits	Charges	Résultat net
a)	AE	+320	−320	AE	+320	−320
b)	AE	+4 500	−4 500	AE	+4 500	−4 500
c)	+50	AE	+50	+50	AE	+50

M4-9 L'établissement d'un état des variations des capitaux propres

Verticale
État des variations des capitaux propres
période close le 31 décembre 2012
(en dollars canadiens)

	Capital social	Résultats non distribués	Total des capitaux propres
Solde au 1er janvier 2012	700	2 000	2 700
Résultat net		4 780	4 780
Dividendes			
Émission d'actions	3 000		3 000
Solde au 31 décembre 2012	3 700	6 780	10 480

M4-11 L'analyse du pourcentage de la marge nette

Produits − Charges = Résultat net

38 300$ − 33 520$ = 4 780$

Pourcentage de la marge nette = Résultat net ÷ Chiffre d'affaires net

4 780$ ÷ 37 450$ = 12,76%

Le chiffre d'affaires de la société Verticale provient de ses ventes. Les produits financiers et les produits de location sont exclus du chiffre d'affaires.

Exercices

E4-1 L'établissement d'une balance de vérification

Mada Marketing
Balance de vérification non régularisée
au 30 septembre 2013
(en dollars canadiens)

	Débit	Crédit
Trésorerie	163 000	
Clients	225 400	
Stock de fournitures	12 200	
Charges payées d'avance	10 200	
Placements	145 000	
Immeubles et matériel	323 040	
Amortissement cumulé		18 100
Terrain	60 000	
Fournisseurs		86 830
Charges courantes à payer		25 650
Produits différés		32 500
Impôts à payer		2 030
Effets à payer		160 000
Capital social		223 370
Résultats non distribués*		145 510
Honoraires gagnés		2 564 200
Produits financiers		10 800
Profit sur sortie d'immobilisation		5 000
Salaires	1 590 000	
Services publics	25 230	
Frais de déplacement	23 990	
Frais de location	152 080	
Frais de développement	18 600	
Charges financières	17 200	
Charges commerciales	188 000	
Charges administratives	320 050	
Total	**3 273 990**	**3 273 990**

* Puisque, dans la balance de vérification, les débits sont censés être égaux aux crédits, le solde des résultats non distribués est déterminé par différence. On calcule le montant à ajouter à la colonne crédit pour que les débits soient égaux aux crédits.

E4-3 La passation d'écritures de régularisation

1. La période financière de cette entreprise débute le 1er janvier et se termine le 31 décembre.

2. a) Type : Charges courantes à payer

Montant : 6 000 $ (donné)

Écriture de régularisation au 31 décembre 2012 :

Salaires (+C, −CP)	6 000	
Salaires à payer (+Pa)		6 000

Les salaires ont été engagés en 2012, mais n'ont pas été payés. Cette écriture enregistre a) une charge en 2012 et b) un passif en 2012, ce qui est nécessaire pour se conformer à la méthode de la comptabilité d'engagement et respecter le processus de rattachement des charges aux produits.

b) Type : Produits à recevoir

Montant : 3 000 $ (donné)

Écriture de régularisation au 31 décembre 2012 :

Intérêts à recevoir (+A)	3 000	
Produits financiers (+Pr, +CP)		3 000

Pour inscrire les produits financiers gagnés en 2012, mais non encaissés. Cette écriture inscrit a) les produits en 2012 et b) un actif en 2012, ce qui est nécessaire pour se conformer à la méthode de la comptabilité d'engagement et respecter la notion de comptabilisation des produits.

3. Les écritures de régularisation sont nécessaires à la fin de la période afin de s'assurer que tous les produits gagnés et les charges engagées ainsi que les actifs et passifs s'y rattachant sont adéquatement évalués. Les écritures ci-dessus sont comptabilisées : l'écriture a) est une charge (engagée, mais non enregistrée) et l'écriture b) est un produit (gagné, mais non enregistré). Quand on emploie la méthode de la comptabilité d'engagement, les produits doivent être comptabilisés lorsqu'ils sont gagnés et mesurables (notion de comptabilisation des produits) et les charges doivent être comptabilisées lorsqu'elles sont engagées dans le but de générer des produits (processus de rattachement des charges aux produits).

E4-5 L'effet des écritures de régularisation sur les états financiers

Opération	État de la situation financière			État du résultat global		
	Actif	Passif	Capitaux propres	Produits	Charges	Résultat net
E4-3 a)	AE	+6 000	−6 000	AE	+6 000	−6 000
E4-3 b)	+3 000	AE	+3 000	+3 000	AE	+3 000
E4-4 a)	−600	AE	−600	AE	+600	−600
E4-4 b)	−49 000	AE	−49 000	AE	+49 000	−49 000

E4-7 La passation d'écritures de régularisation

1. et **2.** Écritures de régularisation au 30 novembre 2012:

a) Produits à recevoir

Clients (+A)	2 100	
Produits tirés des services (+Pr, +CP)		2 100

Le montant était donné.

b) Produits différés

Produits différés (–Pa)	567	
Produits tirés des services (+Pr, +CP)		567

Produits gagnés en novembre (3 400 $ × 1/6)

c) Charges courantes à payer

Salaires (+C, –CP)	2 800	
Salaires à payer (+Pa)		2 800

Le montant était donné.

d) Charges payées d'avance

Publicité (+C, –CP)	900	
Charges payées d'avance (–A)		900

Publicité engagée pour neuf semaines (1 200 $ × 9/12)

e) Charges estimatives

Amortissement (+C, –CP)	23 000	
Amortissement cumulé (+XA, –A)		23 000

Le montant était donné.

f) Charges payées d'avance

Fournitures (+C, –CP)	49 100	
Stock de fournitures (–A)		49 100

Fournitures utilisées en 2012
(15 500 $ + 46 000 $ – 12 400 $ = 49 100 $)

g) Charges courantes à payer

Charges financières (+C, –CP)	1 250	
Intérêts à payer (+Pa)		1 250

Charges financières (150 000 $ × 5 % × 2/12)

E4-9 L'effet des écritures de régularisation sur les états financiers

Opération	État de la situation financière			État du résultat global		
	Actif	Passif	Capitaux propres	Produits	Charges	Résultat net
a)	+2 100	AE	+2 100	+2 100	AE	+2 100
b)	AE	–567	+567	+567	AE	+567
c)	AE	+2 800	–2 800	AE	+2 800	–2 800
d)	–900	AE	–900	AE	+900	–900
e)	–23 000	AE	–23 000	AE	+23 000	–23 000
f)	–49 100	AE	–49 100	AE	+49 100	–49 100
g)	AE	+1 250	–1 250	AE	+1 250	–1 250

E4-11 L'effet des écritures de régularisation sur les états financiers

Postes de l'état de la situation financière au 31 décembre 2013 :

	Montant
Actif	
Matériel (enregistré au coût historique)	12 000$
Amortissement cumulé – matériel (pour une année)	(1 200)
Valeur comptable du matériel	10 800
Stock de fournitures de bureau (en magasin)	400
Assurances payées d'avance (couverture restante, 400$ × 18/24 mois)	300

Postes de l'état du résultat global pour la période close le 31 décembre 2013 :

Charges	
Amortissement – matériel (pour la période)	1 200$
Fournitures de bureau (utilisées, 1 400$ – 400$)	1000
Assurances (pour 6 mois, 400$ × 6/24 mois)	100

E4-13 La déduction des opérations

1. a) Un décaissement
   b) L'enregistrement des impôts additionnels à payer
   c) Un décaissement
   d) L'enregistrement de la déclaration d'un dividende à payer
   e) Un décaissement
   f) L'enregistrement d'intérêts additionnels à payer

2. Chiffre manquant pour a) :   71$ + 332$ – a) = 80$ a) = 323$
   Chiffre manquant pour c) :   43$ + 176$ – c) = 48$ c) = 171$
   Chiffre manquant pour f) :   45$ + f) – 297$ = 51$ f) = 303$

E4-15 L'effet des écritures de régularisation sur l'état du résultat global et l'état de la situation financière

Compte	Résultat net	Total de l'actif	Total du passif	Capitaux propres
Soldes reportés	60 000$	180 000$	80 000$	100 000$
a) Amortissement	(16 000)	(16 000)		(16 000)
b) Salaires	(34 000)		34 000	(34 000)
c) Produits de location	3 200		(3 200)	3 200
Soldes régularisés	13 200	164 000	110 800	53 200
d) Impôts	(3 300)		3 300	(3 300)
Soldes corrigés	9 900$	164 000$	114 100$	49 900$

a) 16 000$. Le montant était donné.

b) Montant indiqué, 34 000$ de salaires engagés, mais non payés.

c) 9 600$ × 1/3 = 3 200$, Produits de location gagnés. Le solde de 6 400$ de produits différés indiqué comme passif correspond à 2 mois d'occupation, non gagnés par le locateur.

d) 13 200$ de résultat net avant impôts × 25% = 3 300$.

E4-17 L'établissement d'un état du résultat global, le résultat par action et le pourcentage de la marge nette

1. a) Salaires (+C, −CP)   560

       Salaires à payer (+Pa)   560

   b) Services publics (+C, −CP)   440

       Charges courantes à payer (+Pa)   440

   c) Amortissement (+C, −CP)   24 000

       Amortissement cumulé (+XA, −A)   24 000

   d) Charges financières (+C, −CP)   150

       Intérêts à payer (+Pa)   150

       (15 000$ × 4% × 3/12)

   e) Aucune écriture n'est requise, car les produits ne seront pas gagnés avant janvier prochain.

   f) Frais d'entretien (+C, −CP)   1 100

       Stock de fournitures (−A)   1 100

   g) Impôts sur le résultat (+C, −CP)   5 800

       Impôts à payer (+Pa)   5 800

2.

Xéna inc.
État du résultat global
période close le 31 décembre 2012
(en dollars canadiens)

Produits de location	109 000
Charges	
Salaires (26 500 $ + 560 $)	27 060
Frais d'entretien (12 000 $ + 1 100 $)	13 100
Frais de gestion	8 800
Services publics (4 300 $ + 440 $)	4 740
Gaz et essence	3 000
Amortissement	24 000
Charges financières	150
Autres charges	1 000
Résultat avant impôts	27 150
Impôts sur le résultat	5 800
Résultat net	21 350
Résultat par action *	3,05

* 21 350 $ ÷ 7 000 actions

3. Pourcentage de la marge nette = Résultat net ÷ Chiffre d'affaires net
= 21 350 $ ÷ 109 000 $ = 19,6 %

Le pourcentage de la marge nette indique que pour chaque 1 $ de revenu, Xéna a un résultat net de 0,196 $ (19,6 %). Ce ratio est plus élevé que la moyenne de ce secteur (pourcentage de la marge nette de 18 %), ce qui signifie que Xéna est plus profitable et gère mieux ses ventes et ses charges que la plupart des entreprises de ce secteur.

E4-19 L'établissement d'un état du résultat global, d'un état des variations des capitaux propres et d'un état de la situation financière

Cacouna
État du résultat global
période close le 31 décembre 2013
(en milliers de dollars canadiens)

Produits	84
Charges (32 $ + 5 $ + 7 $ + 5 $)	49
Résultat avant impôts	35
Impôts sur le résultat	9
Résultat net	26
Résultat par action (en dollars)*	6,50

* 26 000 $ ÷ 4 000 actions

Cacouna
État des variations des capitaux propres
période close le 31 décembre 2013
(en milliers de dollars canadiens)

	Capital social	Résultats non distribués	Total
Solde au 1er janvier 2013	0	0	0
Résultat net	–	26	26
Dividendes	–	(4)	(4)
Émission d'actions	76	–	76
Solde au 31 décembre 2013	76	22	98

Le montant non régularisé de la balance de vérification pour les résultats non distribués est de –4 $. Puisqu'il s'agit de la première année d'activité, on peut présumer que ce montant provient d'une déclaration de dividendes.

Cacouna
État de la situation financière
au 31 décembre 2013
(en milliers de dollars canadiens)

Actif

Courants

Trésorerie	38
Clients	9
Assurances payées d'avance	1
Actifs courants	48

Non courants

Machinerie, net	73
Actifs non courants	73
Total de l'actif	121

Passif et capitaux propres

Passif

Courants

Fournisseurs	9
Salaires à payer	5
Impôts à payer	9
Passifs courants	23
Total du passif	23

Capitaux propres

Capital social	76
Résultats non distribués	22
Total des capitaux propres	98
Total du passif et des capitaux propres	121

Problèmes

P4-1 L'établissement d'une balance de vérification

1.

Mediaprint
Balance de vérification régularisée
au 31 janvier
(en milliers de dollars canadiens)

	Débit	Crédit
Trésorerie	520	
Placements	2 661	
Clients	2 094	
Stocks	273	
Immobilisations corporelles	775	
Amortissement cumulé – immobilisations		252
Autres actifs non courants	806	
Fournisseurs		2 397
Charges courantes à payer		1 298
Dette non courante		512
Autres passifs non courants		349
Capital social		1 781
Résultats non distribués	844	
Ventes		18 243
Coût des ventes	14 137	
Charges commerciales et administratives	1 788	
Frais de recherche et développement	272	
Autres charges	38	
Impôts sur le résultat	624	
Total	**24 832**	**24 832**

2. Puisque, dans la balance de vérification, les débits sont censés être égaux aux crédits, le solde des résultats non distribués est déterminé par différence. On calcule le montant pour que les débits soient égaux aux crédits.

P4-3 La passation d'écritures de régularisation

1.

a) Charge payée d'avance

b) Charge payée d'avance

c) Charge courante à payer

d) Charge courante à payer

e) Produit à recevoir

f) Charge estimative

g) Charge courante à payer

h) Charge courante à payer

2. Écritures de régularisation au 31 décembre 2012:

a) Assurances (+C, −CP)   200

    Charges payées d'avance (−A)   200

1 200 $ ÷ 36 mois × 6 mois de couverture. Cette écriture réduit l'actif (Charges payées d'avance) parce qu'une charge est comptabilisée. Le solde de 1 000 $ représente des avantages futurs (un actif) pour l'entreprise.

b) Fournitures (+C, −CP)   1 100

    Stock de fournitures (−A)   1 100

Le compte Stock de fournitures est diminué (crédité) pour enregistrer la charge de fournitures utilisées durant la période 2012. Ce montant est calculé ainsi :
Stock d'ouverture, 400 $ + Achats, 1 000 $ − Stock de clôture, 300 $.

c) Entretien et réparation (+C, −CP)   800

    Charges courantes à payer (+Pa).   800

Le compte Entretien et réparation est augmenté (débité) parce que cette charge a été engagée en 2012.
Un passif (Charges courantes à payer) est crédité parce que ce montant est dû à la fin de la période.

d) Impôts fonciers (+C, −CP)   1 500

    Charges courantes à payer (+Pa)   1 500

Le compte Impôts fonciers est augmenté (débité) parce que cette charge a été engagée en 2012.
Un passif (Charges courantes à payer) est crédité parce que ce montant est dû à la fin de la période.

e) Clients (+A)   6 000

    Produits tirés des services (+Pr, +CP)   6 000

Cette écriture enregistre un actif au montant dû par des clients. De plus, elle comptabilise les produits parce que ceux-ci ont été gagnés en 2012.

f) Amortissement (+C, −CP)   6 200

    Amortissement cumulé − matériel roulant (+XA, −A)   6 200

Pour enregistrer la charge d'amortissement liée à l'utilisation du véhicule.

g) Charges financières (+C, −CP)   165

    Intérêts à payer (+Pa)   165

La charge financière a été engagée, mais non payée, 11 000 $ × 6 % × 3/12 = 165 $.

h) Impôts sur le résultat (+C, −CP)   7 290

    Impôts à payer (+Pa).   7 290

Les impôts sur le résultat sont une charge de l'année 2012 :

Résultat avant régularisations (donné)	30 000 $
Effet des régularisations a) à g)*	− 3 965
Résultat avant impôts	26 035
Taux	28 %
Impôts sur le résultat	7 290 $

    * (−200 $ − 1 100 $ − 800 $ − 1 500 $ + 6 000 $ − 6 200 $ − 165 $)

P4-5 L'effet des écritures de régularisation sur les états financiers

1.
a)	Charge payée d'avance	e)	Produit à recevoir
b)	Charge payée d'avance	f)	Charge estimative
c)	Charge courante à payer	g)	Charge courante à payer
d)	Charge courante à payer	h)	Charge courante à payer

2.

Opération	État de la situation financière			État du résultat global		
	Actif	Passif	Capitaux propres	Produits	Charges	Résultat net
a)	−200	AE	−200	AE	+200	−200
b)	−1 100	AE	−1 100	AE	+1 100	−1 100
c)	AE	+800	−800	AE	+800	−800
d)	AE	+1 500	−1 500	AE	+1 500	−1 500
e)	+6 000	AE	+6 000	+6 000	AE	+6 000
f)	−6 200	AE	−6 200	AE	+6 200	−6 200
g)	AE	+165	−165	AE	+165	−165
h)	AE	+7 290	−7 290	AE	+7 290	−7 290

a) Six mois de couverture en 2012 : 1 200 $ × 6/36 = 200 $.

b) Fournitures utilisées en 2012 : Stock d'ouverture, 400 $ + Achats, 1 000 $ − Stock de clôture, 300 $ = 1 100 $ utilisés durant la période

c) Charge engagée en 2012 et à payer en janvier 2013

d) Impôts fonciers engagés en 2012 et à payer en 2013

e) Produit à recevoir gagné en 2012, mais non encaissé ; payable dans les 30 jours.

f) Le montant de l'amortissement est donné.

g) La charge financière engagée pour 3 mois : 11 000 $ × 6 % × 3/12 = 165 $.

h) Résultat régularisé
   = 30 000 $ − 200 $ − 1 100 $ − 800 $ − 1 500 $ + 6 000 $ − 6 200 $ − 165 $
   = 26 035 $ × 28 % taux d'imposition
   = 7 290 $ d'impôt sur le résultat

P4-7 Le processus de régularisation des comptes, le résultat par action, le pourcentage de la marge nette et la passation des écritures de clôture

1. Écritures de régularisation au 31 décembre 2012 :

   a) Clients (+A)   560   b)

        Produits tirés des services (+Pr, +CP)   560   i)

   Pour enregistrer des honoraires gagnés, mais non encaissés

   b) Assurances (+C, –CP)   280   l)

        Assurances payées d'avance (–A)   280   c)

   Pour enregistrer la charge d'assurances de la période (840 $ – 560 $)

   c) Amortissement (+C, –CP)   11 900   k)

        Amortissement cumulé – matériel (+XA, –A)   11 900   e)

   Pour enregistrer l'amortissement de la période (56 000 $ – 44 100 $)

   d) Impôts sur le résultat (+C, –CP)   6 580   m)

        Impôts à payer (+Pa)   6 580   f)

   Pour enregistrer les impôts de 2012

2.

	Résultat net avant les écritures de régularisation	Résultat net après les écritures de régularisation
Produits	64 400 $	64 960 $
Charges		
Salaires	58 380	58 380
Amortissement		11 900
Assurances		280
Impôts sur le résultat		6 580
Total des charges	58 380	77 140
Résultat net	6 020 $	(12 180) $

Le résultat net est une perte de 12 180 $. Ce montant inclut tous les produits et toutes les charges (après les écritures de régularisation). Il est régularisé ; il tient compte de la notion de rattachement des charges aux produits. Le résultat net de 6 020 $ est erroné, car certaines charges (18 760 $) et certains produits (560 $) n'ont pas été enregistrés, bien qu'ils se rapportent à la période 2012.

3. Résultat par action = (12 180) $ ÷ 3 000 actions = (4,06) $ par action

4. Pourcentage de la marge nette
   = Résultat net ÷ Chiffre d'affaires net
   = (12 180) $ ÷ 64 960 $ = (18,8 %)

Le pourcentage de la marge nette indique que, pour chaque 1 $ de produits tirés des services, la société Grenon perd actuellement 0,188 $. Ce ratio signifie que Grenon diminue la valeur des capitaux propres à chaque vente ; cela suggère qu'une meilleure gestion de ses affaires (en ce qui a trait au prix de vente ou aux charges opérationnelles) est requise.

5. Produits tirés des services (–Pr)   64 960

    Sommaire des résultats   64 960

Sommaire des résultats   77 140

    Salaires (–C)   58 380

    Amortissement (–C)   11 900

    Assurances (–C)   280

    Impôts sur le résultat (–C)   6 580

Résultats non distribués (–CP)   12 180

    Sommaire des résultats   12 180

6.

Grenon
Balance de vérification après clôture
au 31 décembre 2012
(en dollars canadiens)

	Débit	Crédit
Trésorerie	12 600	
Clients	560	
Assurances payées d'avance	560	
Matériel	168 280	
Amortissement cumulé – matériel		56 000
Impôts à payer		6 580
Capital social		112 000
Résultats non distribués*		7 420
Total	182 000	182 000

* (19 000 $ - 12 180 $)

P4-9 L'enregistrement des opérations (y compris les écritures de régularisation et de clôture), l'établissement des états financiers et une analyse de rendement au moyen de ratios

1. 2. 3. et **5.** Comptes en T

Trésorerie

Solde	4 000	12 000	b)
a)	24 000	91 000	e)
c)	156 000	13 000	g)
d)	4 000	17 000	h)
f)	31 000	22 000	k)
Solde	64 000		

Clients

Solde	7 000	31 000	f)
c)	52 000		
Solde	28 000		

Stock de fournitures

Solde	16 000	21 000	l)
i)	23 000		
Solde	18 000		

Terrain

b)	12 000		
Solde	12 000		

Matériel

Solde	78 000	
Solde	78 000	

Amortissement cumulé – matériel

		8 000	Solde
		8 000	m)
		16 000	Solde

Autres actifs non courants

Solde	5 000	
g)	13 000	
Solde	18 000	

Fournisseurs

h)	17 000		
		20 000	e)
		23 000	i)
		26 000	Solde

Impôts à payer

		10 000	p)
		10 000	Solde

Salaires à payer

		16 000	o)
		16 000	Solde

Intérêts à payer

		1 000	n)
		1 000	Solde

Effets à payer non courants

		24 000	a)
		24 000	Solde

Capital social

		85 000	Solde
		4 000	d)
		89 000	Solde

Résultats non distribués

k)	22 000	17 000	Solde
		41 000	EC
		36 000	Solde

Produits tirés des services

		208 000	c)
EC	208 000		
		0	Solde

Amortissement

m)	8 000	8 000	EC
Solde	0		

Salaires

o)	16 000	16 000	EC
Solde	0		

Fournitures

l)	21 000	21 000	EC
Solde	0		

Impôts sur le résultat

p)	10 000	10 000	EC
Solde	0		

Charges financières

n)	1 000	1 000	EC
Solde	0		

Charges financières

e)	111 000	111 000	EC
Solde	0		

Sommaire des résultats

EC	128 000	169 000	C
EC	41 000		
Solde	0		

2. Écritures de journal en 2012 :

a) Trésorerie (+A)   24 000
      Effets à payer (+Pa)   24 000
      Signature d'un effet à payer au taux de 5 %, le 1er mars 2012

b) Terrain (+A)   12 000
      Trésorerie (−A)   12 000
      Achat d'un terrain pour le futur immeuble

c) Trésorerie (+A)   156 000
    Clients (+A)   52 000
      Produits tirés des services (+Pr, +CP)   208 000
      Produits gagnés en 2012

d) Trésorerie (+A)   4 000
      Capital social (+CP)   4 000
      Émission de 4 000 actions

e) Autres charges (+C, −CP)   111 000
      Fournisseurs (+Pa)   20 000
      Trésorerie (−A)   91 000
      Autres charges engagées en 2012

f) Trésorerie (+A)   31 000
      Clients (−A)   31 000
      Encaissement des comptes clients

g) Autres actifs non courants (+A)   13 000
      Trésorerie (−A)   13 000
      Achat d'actifs supplémentaires

h) Fournisseurs (−Pa)   17 000
      Trésorerie (−A)   17 000
      Paiement des comptes fournisseurs

i) Stock de fournitures (+A)   23 000
      Fournisseurs (+Pa)   23 000
      Achat de fournitures pour utilisation future

j) Aucune écriture n'est requise et aucun produit n'a été gagné en 2012.

k) Résultats non distribués (−CP)   22 000
      Trésorerie (−A)   22 000
      Déclaration et paiement des dividendes

3. Écritures de régularisation au 31 décembre 2012 :

l) Fournitures (+C, –CP)   21 000

    Stock de fournitures (–A)   21 000

Pour enregistrer les fournitures utilisées
(16 000 $ + 23 000 $ – 18 000 $)

m) Amortissement (+C, –CP)   8 000

    Amortissement cumulé – matériel (+XA, –A)   8 000

Pour enregistrer l'amortissement de la période

n) Charges financières (+C, –CP)   1 000

    Intérêts à payer (+Pa)   1 000

Intérêts à payer de mars à décembre 2012
(24 000 $ × 5 % × 10/12)

o) Salaires (+C, –CP)   16 000

    Salaires à payer (+Pa)   16 000

Salaires engagés et non payés

p) Impôts sur le résultat (+C, –CP)   10 000

    Impôts à payer (+Pa)   10 000

Impôts de 2012

4.

LD Outils inc.
État du résultat global
période close le 31 décembre 2012
(en dollars canadiens)

Produits

Produits tirés des services	208 000

Charges

Salaires	16 000
Fournitures	21 000
Amortissement	8 000
Charges financières	1 000
Autres charges	111 000
Résultat avant impôts	51 000
Impôts sur le résultat	10 000
Résultat net	41 000
Résultat par action*	0,46

* 41 000 $ ÷ 89 000 actions

LD Outils inc.
État des variations des capitaux propres
période close le 31 décembre 2012
(en dollars canadiens)

	Capital social	Résultats non distribués	Total des capitaux propres
Solde au 1er janvier 2012	85 000	17 000	102 000
Résultat net		41 000	41 000
Dividendes		(22 000)	(22 000)
Émission d'actions	4 000		4 000
Solde au 31 décembre 2012	89 000	36 000	125 000

LD Outils inc.
État de la situation financière
au 31 décembre 2012
(en dollars canadiens)

Actif

Courants

Trésorerie	64 000
Clients	28 000
Stock de fournitures	18 000
Actifs courants	110 000

Non courants

Terrain	12 000
Matériel, net	62 000
Autres actifs	18 000
Actifs non courants	92 000
Total de l'actif	202 000

Passif et capitaux propres

Passif

Courants

Fournisseurs	26 000
Salaires à payer	16 000
Intérêts à payer	1 000
Impôts à payer	10 000
Passifs courants	53 000

Non courants

Effets à payer	24 000
Passifs non courants	24 000
Total du passif	77 000

Capitaux propres

Capital social	89 000
Résultats non distribués	36 000
Total des capitaux propres	125 000
Total du passif et des capitaux propres	202 000

LD Outils inc.
Tableau des flux de trésorerie
période close le 31 décembre 2012
(en dollars canadiens)

Activités opérationnelles

Sommes encaissées des clients (c + f)	187 000
Sommes versées aux fournisseurs et aux employés (e + h)	(108 000)
Flux de trésorerie liés aux activités opérationnelles	79 000

Activités d'investissement

Achat d'un terrain	(12 000)
Achat d'actifs supplémentaires	(13 000)
Flux de trésorerie liés aux activités d'investissement	(25 000)

Activités de financement

Effet à payer	24 000
Émission d'actions	4 000
Paiement des dividendes	(22 000)
Flux de trésorerie liés aux activités de financement	6 000

Variation de la trésorerie	60 000
Trésorerie à l'ouverture de la période	4 000
Trésorerie à la clôture de la période	64 000

5. Écritures de clôture au 31 décembre 2012 :

Produits tirés des services (–Pr)	208 000	
Sommaire des résultats		208 000
Sommaire des résultats	167 000	
Amortissement (–C)		8 000
Impôts sur le résultat (–C)		10 000
Charges financières (–C)		1 000
Salaires (–C)		16 000
Fournitures (–C)		21 000
Autres charges (–C)		111 000
Sommaire des résultats	41 000	
Résultats non distribués (+CP)		41 000

6. Balance de vérification après la clôture des comptes :

LD Outils inc.
Balance de vérification après clôture
au 31 décembre 2012
(en dollars canadiens)

	Débit	Crédit
Trésorerie	64 000	
Clients	28 000	
Stock de fournitures	18 000	
Terrain	12 000	
Matériel	78 000	
Amortissement cumulé – matériel		16 000
Autres actifs non courants	18 000	
Fournisseurs		26 000
Effets à payer non courants		24 000
Salaires à payer		16 000
Intérêts à payer		1 000
Impôts à payer		10 000
Capital social		89 000
Résultats non distribués		36 000
Total	218 000	218 000

7. a) Taux d'adéquation du capital = Actif total moyen ÷ Capitaux propres moyens
= [(102 000 $ + 202 000 $) ÷ 2] ÷ [(102 000 $ + 125 000 $) ÷ 2]
= 1,34

Ce résultat suggère que la société finance principalement ses actifs à l'aide de ses capitaux propres. Le quart des actifs est financé au moyen de la dette et les trois quarts au moyen des capitaux propres.

b) Taux de rotation de l'actif total = Ventes ÷ Actif total moyen
= 208 000 $ ÷ [(102 000 $ + 202 000 $) ÷ 2]
= 1,37

Ce taux suggère que la société génère 1,37 $ de revenu pour chaque dollar d'actif qu'elle possède.

c) Pourcentage de la marge nette = Résultat net ÷ Chiffre d'affaires net
= 41 000 $ ÷ 208 000 $
= 0,20 (20 %)

Ce pourcentage suggère que la société enregistre un résultat de 0,20 $ pour chaque dollar de vente qu'elle réalise.

CHAPITRE 5

La publication de l'information financière

Questions

1. C'est à la direction de l'entreprise qu'incombe principalement la responsabilité de l'information contenue dans les états financiers et les notes. Les personnes qui représentent la direction sont le cadre occupant le poste le plus élevé dans la hiérarchie de l'entreprise (le président et chef de la direction) et le responsable de la direction financière (le vice-président aux finances). Les auditeurs sont responsables de l'examen des états financiers conformément aux normes d'audit généralement reconnues. Ils doivent émettre une opinion sur les états financiers afin de déterminer si ceux-ci sont conformes aux normes comptables en vigueur. La direction et les auditeurs assument une responsabilité envers les utilisateurs des états financiers.

2. Les analystes financiers utilisent les outils technologiques les plus récents pour collecter et analyser l'information. Ils reçoivent des communiqués et des documents comptables en provenance des entreprises ainsi que d'autres renseignements provenant de services en ligne. Ils collectent aussi des données lors de téléconférences avec les dirigeants des entreprises et de visites de leurs locaux. Ils combinent ensuite les résultats de leurs analyses à l'information qu'ils rassemblent sur les sociétés concurrentes, l'économie dans son ensemble et même les tendances observées au sein de la population. Enfin, ils font des prévisions concernant l'évolution du chiffre d'affaires et, surtout, celle des résultats.

   Les investisseurs privés sont, entre autres, des investisseurs individuels qui possèdent un capital personnel. Ils investissent directement leurs capitaux, soit dans une entreprise à capital fermé, soit dans des sociétés cotées.

   Les investisseurs institutionnels sont des gestionnaires de caisses de retraite, de fonds communs de placements, de fondations privées ou publiques et d'autres sociétés de gestion de portefeuille qui investissent pour le compte d'autres personnes.

   Les investisseurs privés et institutionnels recourent aux services des analystes financiers pour prendre leurs décisions.

3. Les services d'information permettent aux investisseurs d'avoir accès aux recommandations des différents analystes. Ces services sont généralement disponibles dans Internet. Certains d'entre eux communiquent de l'information financière spécialisée, d'autres des renseignements plus généraux.

4. Une information pertinente peut influer sur les décisions économiques pour les raisons suivantes: elle permet aux utilisateurs d'évaluer les activités passées d'une entreprise (valeur de confirmation) ou de prévoir ses activités futures (valeur prédictive). Une information fidèle est complète, neutre et exempte d'erreurs significatives. Une information complète fournit tous les renseignements susceptibles d'influer sur les décisions des utilisateurs. Une information neutre ne contient aucun parti pris. Une information est exempte d'erreurs significatives du fait qu'elle repose sur les meilleures données disponibles.

5. a) L'état du résultat global est préparé selon la méthode de la comptabilité d'engagement.

    b) Le tableau des flux de trésorerie est préparé selon la méthode de la comptabilité de caisse.

6. Les sociétés qui ont une obligation d'information du public publient normalement des communiqués, des rapports intermédiaires et annuels et, à l'occasion, des prospectus. Les communiqués sont des annonces publiques écrites, généralement distribuées aux principaux services des nouvelles. Les rapports intermédiaires présentent normalement des états financiers non audités, accompagnés d'un message aux actionnaires où sont relatés les faits saillants de la période. Les rapports annuels incluent les états financiers ainsi que les notes s'y rattachant et l'opinion des auditeurs si les états ont été audités. Les prospectus sont des documents d'information à l'intention des investisseurs, publiés lors d'appels publics à l'épargne.

7. L'état du résultat global comprend parfois jusqu'à sept grandes sections, dont : 1) les activités ordinaires poursuivies, dans laquelle sont indiqués le chiffre d'affaires, le coût des ventes, la marge brute et les charges opérationnelles ; 2) les charges financières ; 3) la charge d'impôt sur le résultat ; 4) les activités abandonnées ; 5) le résultat net ; 6) les autres éléments du résultat global et 7) le résultat global.

8. Les activités abandonnées résultent de l'abandon ou de la cession-vente d'une partie des activités de l'entreprise, tel un secteur d'activité ou une région géographique. Le fait de présenter les résultats des activités abandonnées de façon distincte des activités ordinaires poursuivies informe les utilisateurs que ces résultats ont une utilité moindre pour prédire le rendement futur de l'entreprise.

9. Les éléments de produits et de charges significatifs découlent de circonstances particulières et doivent être indiqués séparément dans l'état du résultat global. Exemple : les dépréciations des stocks ou des immobilisations corporelles, les coûts de restructuration, etc.

10. Les cinq grandes sections de l'état de la situation financière sont : 1) l'actif courant, 2) l'actif non courant, 3) le passif courant, 4) le passif non courant et 5) les capitaux propres.

11. Les capitaux propres sont composés : a) du capital social, lequel représente le montant investi par les actionnaires ; b) des réserves, lesquelles représentent les résultats accumulés de l'entreprise qui n'ont pas été distribués aux actionnaires sous forme de dividendes ; c) des autres éléments des capitaux propres ; d) de la participation ne donnant pas le contrôle.

12. Les trois grandes sections du tableau des flux de trésorerie sont les flux de trésorerie liés aux activités opérationnelles, les flux de trésorerie liés aux activités d'investissement et les flux de trésorerie liés aux activités de financement.

13. Les grandes catégories de notes aux états financiers sont : 1) la déclaration de conformité aux normes IFRS ; 2) le résumé des principales méthodes comptables employées, par exemple la méthode comptable servant à évaluer les stocks ; 3) les renseignements supplémentaires sur les éléments comptabilisés dans les états financiers, par exemple le détail des éléments inclus dans le poste Immobilisations corporelles ; 4) d'autres renseignements non présentés dans les états financiers, par exemple concernant un passif éventuel.

14. Le rendement des capitaux propres sert à mesurer le résultat obtenu avec chaque dollar de capitaux propres. Les gestionnaires, les analystes et les prêteurs utilisent ce ratio pour évaluer la capacité de l'entreprise à atteindre un rendement adéquat pour les actionnaires.

15. Rendement des capitaux propres : $\dfrac{\text{Résultat net}}{\text{Capitaux propres moyens}}$

Mini-exercices

M5-1 L'association de définitions et de termes

Définition	Intervenant
C	1. Le président et chef de la direction et le directeur des services financiers
D	2. L'auditeur
B	3. Les utilisateurs
A	4. L'analyste financier

M5-3 Les éléments des états financiers

État financier	Élément
B	1. Le passif
C	2. Les flux de trésorerie liés aux activités opérationnelles
A	3. Les activités abandonnées
B	4. Les actifs
A	5. Les produits des activités ordinaires poursuivies
C	6. Les flux de trésorerie provenant des activités de financement
B	7. La participation ne donnant pas le contrôle
B	8. Les capitaux propres
A	9. Les charges
D	10. Les actifs qu'un actionnaire possède

M5-5 L'effet d'opérations sur l'équation comptable

Opération	Actif		=	Passif	+	Capitaux propres	
a)	Clients	+500				Ventes	+500
	Stocks	−360				Coût des ventes	−360
b)	Trésorerie	+90 000				Capital social	+90 000

M5-7 Le rendement des capitaux propres

$$\text{Taux de rendement des capitaux propres} = \frac{\text{Résultat net}}{\text{Capitaux propres moyens}} = \frac{80}{(800 + 600) \div 2} = \frac{80}{700} = 0,11$$

Ce ratio mesure le résultat net obtenu avec chaque dollar de capitaux propres. Il indique que l'entreprise réalise un résultat net de 0,11 $ pour chaque dollar de capitaux propres.

Exercices

E5-1 L'association de définitions et de termes

Définition	Intervenant
E	1. L'Autorité des marchés financiers
D	2. Un auditeur
H	3. Un investisseur institutionnel
C	4. Un président et chef de la direction et un directeur des services financiers
B	5. Un créancier
A	6. Un analyste financier
G	7. Un investisseur privé
F	8. Un service d'information

E5-3 Les éléments d'information contenus dans les publications

Publication	Élément d'information
A	1. Un résumé des données financières pour une période allant de 5 à 10 ans
B	2. La première annonce des résultats trimestriels
B	3. L'annonce d'un changement d'auditeurs
A	4. Les états financiers audités d'une période financière
C	5. Un résumé de l'information contenue dans l'état du résultat global du trimestre
A et C	6. Des notes aux états financiers
A	7. La description des personnes responsables du contenu des états financiers
B	8. La première annonce de l'engagement d'un nouveau vice-président des ventes

E5-5 L'établissement d'un état de la situation financière

RONA inc.
État de la situation financière consolidé
au 27 décembre 2009
(en milliers de dollars canadiens)

Actif

Courants

Trésorerie	239 257
Clients	250 845
Charges payées d'avance	18 114
Stocks	726 262
Autres actifs courants	19 151
Actifs courants	1 253 629

Non courants

Immobilisations corporelles	868 359
Immobilisations incorporelles	89 828
Goodwill	455 572
Placements et autres actifs non courants	82 495
Actifs non courants	1 496 254
Total de l'actif	2 749 883

Passif et capitaux propres

Passif

Courants

Emprunt bancaire	5 211
Fournisseurs et charges à payer	427 817
Autres passifs courants	5 676
Partie courante des emprunts à long terme	9 996
Passifs courants	448 700

Non courants

Emprunts à long terme	430 524
Autres passifs non courants	58 859
Passifs non courants	489 383
Total du passif	938 083

Capitaux propres

Capital social	603 756
Résultats non distribués	1 161 808
Autres éléments des capitaux propres	13 475
Total des capitaux propres – Part du groupe	1 779 039
Part des actionnaires sans contrôle	32 761
Total des capitaux propres	1 811 800
Total du passif et des capitaux propres	2 749 883

E5-7 L'association de définitions et de termes

Définition	Terme
E	1. Le coût des ventes
G	2. Les charges financières
B	3. Les éléments de produits et de charges significatifs
C	4. Les activités ordinaires poursuivies
F	5. Le résultat global
I	6. Les activités abandonnées
D	7. Le résultat net
A	8. La marge brute
H	9. Le résultat par action
J	10. Les charges opérationnelles
K	11. Le résultat avant impôts

E5-9 L'établissement d'un état du résultat global

Cornouiller
État du résultat global
période close le 31 décembre 2012
(en dollars canadiens)

	Calculs	Montant
Chiffre d'affaires	Donné	79 000
Coût des ventes	(79 000 $ − 28 000 $)	51 000
Marge brute	Donné	28 000
Charges commerciales	Donné	7 000
Charges administratives	(15 000 $ − 7 000 $)	8 000
Total des charges	(28 000 $ − 13 000 $)	15 000
Résultat avant impôts	Donné	13 000
Impôts sur le résultat	13 000 $ × 25 %	3 250
Résultat net		9 750
Résultat par action*		2,79

* 9 750 $ ÷ 3 500 actions

E5-11 L'effet d'opérations sur l'état de la situation financière et l'état du résultat global

Opération	Actif courant	Marge brute	Passif courant
a)	+325,4 −198,6	+325,4 −198,6	AE
b)	+346,5	AE	+346,5
c)	−90	AE	AE

Les effets de ces opérations peuvent être mieux compris si l'on passe les écritures de journal suivantes :

a) Clients (+A)   325,4

    Ventes (+Pr, +CP)   325,4

   Coût des ventes (+C, −CP)   198,6

    Stocks (−A)   198,6

   Notez que la marge brute augmente (de 126,8 $), puisqu'elle est calculée à partir des ventes moins le coût des ventes.

b) Trésorerie (+A)   346,5

    Effet à payer (+Pa)   346,5

c) Recherche et développement (+C, −CP)   90

    Trésorerie (−A)   90

E5-13 L'établissement d'un tableau des flux de trésorerie

Chèvrefeuille
Tableau des flux de trésorerie
période close le 31 décembre 2013
(en dollars canadiens)

Activités opérationnelles

Résultat net	20 000
Augmentation des comptes clients	(9 000)
Diminution des stocks	1 000
Diminution des comptes fournisseurs	(3 000)
Flux de trésorerie liés aux activités opérationnelles	9 000

Activités d'investissement

Achat d'un nouveau camion de livraison	(7 000)
Achat d'un terrain	(36 000)
Flux de trésorerie liés aux activités d'investissement	(43 000)

Activités de financement

Effet à payer	30 000
Émission d'actions	24 000
Flux de trésorerie liés aux activités de financement	54 000

Variation nette de la trésorerie	20 000
Trésorerie à l'ouverture de la période	30 000
Trésorerie à la clôture de la période	50 000

E5-15 L'analyse et l'interprétation du rendement des capitaux propres

1.

Rendement des capitaux propres	Période en cours	Période précédente
$\dfrac{\text{Résultat net}}{\text{Capitaux propres moyens}}$	$\dfrac{16\ 003}{206\ 791} = 0,08$	$\dfrac{21\ 363}{188\ 634} = 0,11$

Le rendement des capitaux propres a diminué au cours de la dernière année. Le marché aérospatial est très affecté par la conjoncture économique.

2.

Analyse du rendement des capitaux propres		Période en cours	Période précédente
Marge nette	$= \dfrac{\text{Résultat net}}{\text{Chiffre d'affaires net}}$	$\dfrac{16\ 003}{320\ 354} = 0,05$	$\dfrac{21\ 363}{337\ 635} = 0,06$
Taux de rotation de l'actif total	$= \dfrac{\text{Chiffre d'affaires net}}{\text{Actif total moyen}}$	$\dfrac{320\ 354}{406\ 010} = 0,79$	$\dfrac{337\ 635}{386\ 814} = 0,87$
Taux d'adéquation du capital	$= \dfrac{\text{Actif total moyen}}{\text{Capitaux propres moyens}}$	$\dfrac{406\ 010}{206\ 791} = 1,96$	$\dfrac{386\ 814}{188\ 634} = 2,05$
Rendement des capitaux propres		0,08	0,11

Tous les ratios calculés ont diminué durant la période en cours. La diminution du chiffre d'affaires n'a pas été accompagnée d'une diminution suffisante des coûts pour maintenir la marge nette. Le marché aérospatial est très incertain, les grandes entreprises retardant leurs commandes dans l'attente d'une conjoncture plus favorable. Toutefois, le taux d'adéquation du capital ayant diminué, le risque financier pour les investisseurs a fait de même. Les actifs sont davantage financés au moyen des capitaux propres que de la dette.

3. Les analystes financiers seraient probablement enclins à réduire leurs attentes et à prédire une baisse de la valeur des actions compte tenu de ces résultats. Toutefois, selon qu'ils croient ou non en une relance de la croissance économique, la baisse de valeur prévue peut être plus ou moins importante.

Problèmes

P5-1 L'association de définitions et de termes

Définition ou opération	Terme
E	1. Les utilisateurs des états financiers
L	2. L'objectif des états financiers
D	3. La pertinence
Q	4. La fidélité
F	5. La comparabilité
B	6. La vérifiabilité
I	7. La rapidité
M	8. La compréhensibilité
A	9. Les produits
P	10. Les charges
C	11. L'actif
G	12. Le passif
O	13. Les capitaux propres
H	14. Le coût historique
K	15. La comptabilisation des produits
J	16. Le rattachement des charges aux produits
N	17. Le rapport coûts-avantages

P5-3 L'établissement d'un état de la situation financière

1.

Bijouterie Brillant
État de la situation financière
au 31 décembre 2012
(en dollars canadiens)

Actif

Courants

Trésorerie	67 000
Placements	36 000
Clients	71 000
Charges payées d'avance	1 000
Stocks	154 000
Actifs courants	329 000

Non courants

Immobilisations corporelles, nettes	54 000
Actifs non courants	54 000
Total de l'actif	**383 000**

Passif et capitaux propres

Passif

Courants

Fournisseurs	58 000
Impôts à payer	9 000
Passifs courants	67 000

Non courants

Effet à payer	42 000
Passifs non courants	42 000
Total du passif	**109 000**

Capitaux propres

Capital social	110 000
Résultats non distribués	164 000
Total des capitaux propres	**274 000**
Total du passif et des capitaux propres	**383 000**

2. Valeur comptable du matériel de magasin :

Coût	67 000 $
Amortisssement cumulé	(13 000)
Valeur comptable	54 000 $

La valeur comptable d'un actif correspond au montant du coût de l'immobilisation moins toute contrepartie s'y rapportant.

P5-5 L'établissement d'un état du résultat global

Le Groupe Jean Coutu (PJC) inc.
État du résultat global consolidé
période close le 27 février
(en millions de dollars canadiens)

Chiffre d'affaires	2 298,4
Coût des ventes	2 068,9
Marge brute	229,5
Charges opérationnelles	218,1
Amortissements des immobilisations corporelles	17,6
Résultat opérationnel	(6,2)
Autres produits	244,7
Produits financiers	4,2
Résultat avant impôts et éléments significatifs	242,7
Quote-part de la perte dans la société satellite Rite Aid	55,2
Impôts sur le résultat	74,9
Résultat net	112,6
Autres éléments du résultat global	(23,1)
Résultat global	89,5

P5-7 L'établissement d'un état du résultat global

	Calculs	**Montant**
Chiffre d'affaires net	Donné	260 000 $
Coût des ventes	b) 260 000 $ – 91 000 $	169 000
Marge brute	a) 260 000 $ × 35 %	91 000
Charges commerciales	h) 48 143 $ – 28 000 $ – 4 000 $	16 143
Charges administratives	Donné	28 000
Charges financières	Donné	4 000
	g) 91 000 $ – 42 857 $	48 143
Résultat avant impôts	e) 30 000 $ ÷ (1,00 – 0,30 taux)	42 857
Impôts sur le résultat	f) 42 857 $ × 30 %	12 857
Résultat net	c) 25 000 actions × 1,20 $	30 000
Autres éléments du résultat global	Donné	(9 600)
Résultat global	d) 30 000 $ – 9 600 $	20 400 $
Résultat par action		1,20 $

CHAPITRE 6

Le chiffre d'affaires, les comptes clients et la trésorerie

Questions

1. La différence existant entre le chiffre d'affaires et le chiffre d'affaires net est due à trois éléments : 1) les rendus et rabais sur ventes accordés aux clients en raison du retour de marchandises en cas d'insatisfaction des clients à l'égard de celles-ci ; 2) les escomptes sur ventes accordés aux clients et, pour certaines entreprises, 3) les escomptes sur cartes de crédit.

2. La marge brute est la différence entre le chiffre d'affaires net et le coût des ventes. Pour calculer le pourcentage de la marge brute, on divise le montant de la marge brute par le montant du chiffre d'affaires net. Par exemple, si on suppose que le chiffre d'affaires net est de 100 000 \$ et que le coût des ventes est de 60 000 \$, le pourcentage de la marge brute est de : 40 000 \$ ÷ 100 000 \$ = 40%. Ce résultat signifie que, pour chaque 100 \$ de chiffre d'affaires net, une marge brute de 40 \$ est réalisée. Ce montant indique l'excédent du prix de vente sur le coût d'acquisition ou de fabrication de la marchandise.

3. Les sociétés émettrices de cartes de crédit imposent des frais à l'entreprise (escompte sur cartes de crédit) pour l'acceptation et l'utilisation de la carte de crédit des clients. Lorsqu'une entreprise dépose les reçus des cartes de crédit dans son compte bancaire, elle reçoit un montant équivalent au prix de vente moins l'escompte sur cartes de crédit. L'escompte sur cartes de crédit fait diminuer le chiffre d'affaires ou augmenter les charges commerciales.

4. L'escompte sur vente (escompte de caisse) est consenti au client pour l'inciter à payer sa facture plus rapidement. L'escompte sur vente est possible seulement lorsque les ventes de marchandises sont effectuées à crédit et que le vendeur propose une modalité de paiement qui précise les termes de crédit donnant droit à l'escompte sur vente. Par exemple, si les modalités de paiement sont de 1/10, n/30, cela signifie que le client qui paie sa facture dans un délai de 10 jours suivant la date de vente profitera d'une déduction de 1% sur le prix de vente. Par contre, si le paiement n'est pas effectué dans les 10 jours suivant la date de vente, aucun escompte ne lui sera accordé et le paiement total de la facture de vente sera exigible dans un délai de 30 jours suivant la date de la vente. À des fins de démonstration, on suppose qu'une vente de 1 000 \$ est effectuée selon ces modalités de paiement. Si le client effectue son paiement dans les 10 jours, 990 \$ seront effectivement payés par celui-ci. Un escompte sur vente de 10 \$ (1 000 \$ × 0,01) lui est alors accordé pour paiement rapide.

5. Un rendu et rabais sur vente est un montant accordé à un client concernant des marchandises non conformes ou encore endommagées, ou pour un ajustement du prix de vente. Un rabais sur vente fait diminuer le montant dû par le client ; si celui-ci a déjà réglé sa facture, un remboursement lui sera versé. Un rabais sur vente peut survenir autant pour une vente au comptant que pour une vente à crédit. Par ailleurs, un escompte sur ventes est accordé au client qui effectue un

achat à crédit, et ce client doit respecter les modalités de paiement précisées par le vendeur pour en bénéficier. (Conseil: Relisez les explications de la réponse 4.)

6. Un compte client est un compte ouvert par l'entreprise au nom d'un client pour l'achat de marchandises ou la prestation de services, et dont le montant de crédit maximal accordé a fait l'objet d'une préautorisation. À l'inverse, un effet à recevoir est une promesse écrite (un document en bonne et due forme) de recevoir: 1) un montant précis sur demande ou à une date ultérieure précisée; 2) des intérêts déterminés au préalable à une ou à plusieurs dates ultérieures.

7. Les comptes clients doivent être évalués à leur juste valeur aux états financiers. Pour cela, l'entreprise procède à un test de dépréciation en fin de période pour déterminer la perte de valeur qu'a pu subir ses comptes clients.

8. L'entreprise doit, dans un premier temps, analyser chaque compte client ayant une importance significative. Par la suite, elle doit effectuer un test de dépréciation sur ses comptes clients pris collectivement (en excluant ceux qu'elle a déjà analysés). Pour cela, elle procède à l'analyse chronologique de ses comptes clients en les regroupant selon le nombre de jours écoulés depuis la date de la vente et en appliquant à chaque groupe un taux de dépréciation découlant de son expérience.

9. La comptabilisation d'une dépréciation des comptes clients permet d'enregistrer une charge et une provision pour dépréciation — clients. Les effets sont les suivants: a) le résultat net diminue; b) les comptes clients nets diminuent.

10. Une augmentation du taux de rotation des comptes clients indique généralement un recouvrement plus rapide de ceux-ci. Un taux plus élevé reflète une augmentation du nombre de fois où les comptes clients ont été enregistrés et recouvrés au cours d'une période donnée.

11. La trésorerie comprend l'argent ou tout effet de commerce, par exemple un chèque, un mandat ou une traite bancaire, qu'on peut utiliser immédiatement pour effectuer des paiements. Les équivalents de trésorerie sont des placements très liquides, facilement convertibles en espèces et dont la valeur est peu susceptible de varier.

12. Les principales caractéristiques d'un contrôle interne efficace de la trésorerie sont:
    a) la répartition des tâches liées à l'encaissement et des tâches liées au décaissement;
    b) la répartition des tâches relatives à l'enregistrement comptable des encaissements et des décaissements;
    c) la répartition des tâches relatives à la manipulation de l'argent et à l'enregistrement aux livres;
    d) le dépôt quotidien des recettes à la banque et le versement de tous les paiements à l'aide de chèques prénumérotés;
    e) la répartition des tâches se rapportant à l'approbation et à la signature des chèques ou à la transmission électronique de fonds;
    f) l'obligation d'un rapprochement mensuel des comptes bancaires de l'entreprise.

13. La répartition des tâches décourage le vol, car elle requiert la collusion de deux personnes ou plus pour commettre un vol et pour le dissimuler ensuite dans les registres comptables. On fait cette séparation en répartissant les responsabilités individuelles liées à la manipulation de l'argent et à la comptabilisation de la trésorerie. En réalité, il est approprié que ces deux fonctions soient assumées par des services différents au sein de l'entreprise.

14. Les objectifs d'un rapprochement bancaire sont les suivants: a) déterminer le solde réel du compte Trésorerie du grand livre de l'entreprise; b) faire ressortir les données non enregistrées dans les livres de l'entreprise et qui devront l'être. Le rapprochement bancaire implique la réconciliation du solde du compte Trésorerie à la fin de la période avec le solde figurant sur le relevé bancaire mensuel de la même période. En général, le solde inscrit sur le relevé bancaire ne concorde pas avec celui que l'on trouve au compte Trésorerie du grand livre de l'entreprise.

Les différences existant entre le solde qui est inscrit selon le relevé bancaire et celui qui est indiqué aux livres proviennent de différentes sources:
    a) des chèques en circulation: les chèques émis par l'entreprise, mais non compensés par la banque (ils ne figurent donc pas sur le relevé bancaire comme une déduction du solde bancaire);
    b) des dépôts en circulation: l'entreprise a effectué les dépôts à la banque, mais la banque ne les a pas encore enregistrés (ils ne figurent pas dans le relevé bancaire sous forme d'augmentation du solde bancaire);

c) des frais bancaires: ces frais sont inscrits seulement sur le relevé bancaire, l'entreprise ne connaît ce montant qu'à la réception de celui-ci;

d) des chèques sans provision: ces chèques ont été déposés, mais comme ils n'ont pas été compensés par la banque, le dépôt doit être annulé et le compte client réinscrit;

e) d'une note de crédit: un montant recouvré par la banque au nom de l'entreprise;

f) des erreurs: la banque et l'entreprise peuvent commettre des erreurs; en général, le rapprochement du compte Trésorerie et du relevé bancaire nécessite de comparer les éléments qui sont inscrits aux livres avec ceux qui figurent sur le relevé bancaire.

15. Le montant total de la trésorerie qui sera présenté à l'état de la situation financière est la somme de tous les comptes Trésorerie de l'entreprise et du solde de la petite caisse, s'il y a lieu.

16. La comptabilisation des escomptes sur ventes a lieu au moment où le recouvrement du compte est enregistré (Annexe 6-A).

Mini-exercices

M6-1 La comptabilisation des produits

Opération	Point A		Point B
a) Une vente par carte de crédit de billets d'avion qu'effectue une compagnie d'aviation	Au lieu de la vente	×	À la fin du vol
b) Une vente par carte de crédit d'un ordinateur qu'effectue une entreprise de vente par correspondance	× À l'expédition		À la livraison
c) Une vente à crédit de marchandises à un client commercial	× À l'expédition		À l'encaissement

M6-3 Le chiffre d'affaires et les escomptes sur ventes, les escomptes sur cartes de crédit et les retours sur ventes

Ventes par carte de crédit	8 400 $
Moins: Escompte de 3 %	252
Ventes nettes par carte de crédit	8 148 $
Ventes à crédit	10 500 $
Moins: Retours sur ventes	500
	10 000
Moins: Escomptes sur ventes (1/2 × 10 000 $ × 1 %)	50
Ventes à crédit nettes	9 950 $
Chiffre d'affaires net	18 098 $

M6-5 La comptabilisation de la dépréciation des comptes clients

Écritures de journal:

a)	Provision pour dépréciation – clients (–XA, +A)	13 000	
	Clients (–A)		13 000
	Enregistrement de la radiation de comptes clients		
b)	Dépréciation des comptes clients (+C, –CP)	10 000	
	Provision pour dépréciation – clients (+XA, –A)		10 000
	Ajustement de la provision pour dépréciation – clients		

M6-7 L'effet de la politique de crédit sur le taux de rotation des comptes clients

a) _____+_____ Le crédit offert est assorti d'échéances de paiement plus courtes.

b) _____+_____ L'efficacité des méthodes de recouvrement est améliorée.

c) _____−_____ Du crédit est accordé à des clients moins fiables.

M6-9 La comptabilisation des escomptes sur ventes

Une vente à crédit de 8 000 $ assortie de modalités de paiement de 1/10, n/30 sera comptabilisée ainsi :

Clients (+A)	8 000	
Ventes (+Pr, +CP)		8 000

L'enregistrement est effectué au montant brut de la vente. Si le client paie selon le délai prévu pour pouvoir bénéficier de l'escompte, seuls 7 920 $ (8 000 $ × 0,99) seront payés. Dans ce cas, l'encaissement sera effectué ainsi :

Trésorerie (+A)	7 920	
Escomptes sur ventes (+XPr, −CP)	80	
Clients (−A)		8 000

Exercices

E6-1 Les ventes à crédit et les escomptes sur ventes

Ventes (950 $ + 600 $ + 450 $)	2 000 $
Moins : Escomptes sur ventes (M. Leblanc : 0,02 × 950 $)	19
Chiffre d'affaires net	1 981 $

E6-3 Les ventes à crédit, les escomptes sur ventes, les retours sur ventes et les ventes par cartes de crédit

Ventes (350 $ + 4 500 $ + 9 000 $)	13 850 $
Moins : Rendus et rabais sur ventes (1/10 × 9 000 $, client D)	900
Escomptes sur ventes (9/10 × 9 000 $ × 3 %, client D)	243
Escomptes sur cartes de crédit (350 $ × 2 %, client B)	7
Chiffre d'affaires net	12 700 $

E6-5 L'évaluation du taux d'intérêt implicite annuel de l'escompte sur vente

1. Taux d'intérêt pour 50 jours = Montant économisé ÷ Montant payé
   = 4 % ÷ 96 %
   = 4,17 %

Taux d'intérêt annuel = Taux d'intérêt pour 50 jours × (365 jours ÷ 50 jours)
   4,17 % × (365 ÷ 50) = 30,44 %

2. Oui, il est plus avantageux d'effectuer un emprunt étant donné la différence qu'il y a entre le taux implicite annuel et le taux bancaire (30,44 % − 10 %). L'entreprise économise 20,44 % en effectuant un emprunt bancaire pour profiter de l'escompte.

E6-7 L'analyse du pourcentage de la marge brute

1.

D'un Océan à l'autre inc.
État du résultat global
période close le...
(en milliers de dollars canadiens)

Chiffre d'affaires	1 141 887	100,0 %
Coût des ventes	700 349	61,3 %
Marge brute	441 538	38,7 %
Charges commerciales et administratives	318 243	27,9 %
Résultat opérationnel	123 295	10,8 %
Charges financières	(2 973)	(0,3) %
Autres produits	1 970	0,2 %
Résultat avant impôts	122 292	10,7 %
Impôts sur le résultat	38 645	3,4 %
Résultat net	83 647	7,3 %
Résultat par action*	1,52	

* (83 647 $ ÷ 55 030 actions)

2. Marge brute : 1 141 887 $ – 700 349 $ = 441 538 $

Pourcentage de la marge brute : 441 538 $ ÷ 1 141 887 $ = 0,387 (38,7 %)

La marge brute en dollars est la différence qu'il y a entre le chiffre d'affaires et le coût des ventes. Le pourcentage de la marge brute sert à mesurer l'excédent du prix de vente sur les coûts d'achat ou de production des marchandises vendues ou les coûts liés à la prestation des services rendus. Pour la société D'un Océan à l'autre inc., le taux est de 38,7 %, ce qui signifie que chaque dollar de ventes nettes engendre une marge brute de 0,387 $.

Le pourcentage de la marge brute de Danone est de 53,2 % en 2010, donc beaucoup plus élevé que celui de l'entreprise D'un Océan à l'autre. Ce résultat s'explique peut-être par le fait que la société D'un Océan à l'autre pratique une politique de prix de vente différente ou parce que le coût de production des chaussures est plus élevé que celui des yogourts, eaux embouteillées ou autres produits de Danone. En réalité, comme ces deux entreprises n'évoluent pas dans le même secteur d'activité, il est difficile de faire une analyse comparative.

E6-9 La comptabilisation et la présentation de la dépréciation des comptes clients à l'aide du classement chronologique des comptes clients

1.

Âge des comptes	Montant		Pourcentage estimé de pertes		Montant estimé de la provision
Courant	60 000 $	×	3 %	=	1 800 $
Moins de 180 jours	12 000 $	×	15 %	=	1 800
180 jours et plus	4 000 $	×	35 %	=	1 400
Solde estimé de la provision pour dépréciation – clients					5 000 $

2.

Solde estimé de la provision pour dépréciation – clients	5 000 $
Solde réel de la provision pour dépréciation – clients	200
Dépréciation de la période en cours	4 800 $

3. **Actif courant**

Clients	76 000 $
Provision pour dépréciation – clients	5 000
Clients, nets	71 000 $

E6-11 L'interprétation de renseignements concernant la dépréciation des comptes clients

1. Écritures de journal :

Dépréciation des comptes clients (+C, −CP)	23	
Provision pour dépréciation − clients (+XA, −A)		23
Enregistrement de l'estimation de la dépréciation des comptes clients		
Provision pour dépréciation − clients (−XA, +A)	48	
Clients (−A)		48
Enregistrement de la radiation de comptes clients		

2. La radiation de comptes clients n'a aucun effet sur les comptes clients nets et le résultat net. Les comptes clients et la provision pour dépréciation − clients diminuent du même montant.

E6-13 L'effet de la dépréciation des comptes clients sur le résultat net et le fonds de roulement

1. Le compte Provision pour dépréciation augmente lorsqu'on comptabilise la dépréciation de la période et diminue lorsque des créances irrécouvrables sont radiées. Dans le cas présent, nous connaissons le solde d'ouverture et de clôture de la provision pour dépréciation et le montant des comptes clients radiés. Nous pouvons alors déduire le montant de la dépréciation de la période comme suit :

Dépréciation des comptes clients de la période 2

Provision pour dépréciation − clients			
b)	512 000	399 000	a)
		532 000	d)
		419 000	c)

a) Solde d'ouverture
b) Créances irrécouvrables radiées
c) Solde de clôture
d) Dépréciation des comptes clients de la période (par déduction)

2. La radiation de 512 000 $ de créances irrécouvrables n'a pas fait varier la valeur comptable des comptes clients, car la diminution du compte d'actif (Clients) a été compensée par une diminution du compte de sens contraire (Provision pour dépréciation − clients) de sorte que le total de l'actif courant n'a pas changé. Le fonds de roulement n'est donc pas touché par la radiation d'une créance irrécouvrable.

La comptabilisation de la dépréciation des comptes clients a fait augmenter la provision pour dépréciation − clients et a réduit la valeur comptable des comptes clients. Le fonds de roulement devrait donc diminuer.

3. La comptabilisation de la radiation de 512 000 $ n'a aucun effet sur les comptes de résultats et n'influe pas sur le résultat net de la période 2. La comptabilisation de la dépréciation des comptes clients a réduit le résultat net de la période 2.

E6-15 L'analyse et l'interprétation du taux de rotation des comptes clients

1. Taux de rotation des comptes clients $= \dfrac{\text{Chiffre d'affaires net}}{\text{Comptes clients nets moyens}} = \dfrac{24\ 710\ 000\$}{2\ 827\ 000\$*} = 8{,}74 \text{ fois}$

Délai moyen de recouvrement des comptes clients $= \dfrac{365 \text{ jours}}{\text{Taux de rotation des comptes clients}} = \dfrac{365 \text{ jours}}{8{,}74} = 41{,}8 \text{ jours}$

* $(3\ 027\ 000\$ + 2\ 627\ 000\$) \div 2$

2. Le taux de rotation des comptes clients reflète le nombre moyen de fois où les comptes clients ont été enregistrés et recouvrés au cours d'une période donnée. Le délai moyen de recouvrement des comptes clients indique le temps moyen que prend un client pour acquitter son compte.

E6-17 L'effet de la baisse du chiffre d'affaires et des comptes clients sur les flux de trésorerie

1. La diminution des comptes clients nets $(48\ 066\$ - 63\ 403\$ = -15\ 337\$)$ fait augmenter les flux de trésorerie provenant des activités opérationnelles de $15\ 337\$$. En effet, l'entreprise encaisse plus rapidement ses comptes clients qu'elle n'enregistre des ventes.

2. a) La diminution du chiffre d'affaires influe à la baisse sur les comptes clients, puisque des ventes à crédit ne sont pas enregistrées pour remplacer les comptes clients encaissés.

   b) Une diminution des comptes clients fait en sorte que l'encaissement des comptes clients d'une période donnée est toujours supérieur au chiffre d'affaires.

E6-19 L'établissement du rapprochement bancaire et les écritures de journal

1.

Pivoine
Rapprochement bancaire
mois de juin 2013

Registres comptables		Relevé bancaire	
Solde aux livres*	8 000 $	Solde bancaire	6 060 $
Plus :		Plus :	
		Dépôt en circulation**	2 900
			8 960
Moins :		Moins :	
Frais bancaires	40	Chèques en circulation***	1 000
Solde aux livres corrigé	7 960 $	Solde bancaire corrigé	7 960 $

* $6\ 900\$ + 19\ 100\$ - 18\ 000\$ = 8\ 000\$$
** $19\ 100\$ - 16\ 200\$ = 2\ 900\$$
*** $18\ 000\$ - 17\ 000\$ = 1\ 000\$$

2. Écriture de journal :

Charges financières (+C, –CP)	40	
Trésorerie (–A)		40
Enregistrement des frais bancaires		

3. État de la situation financière au 30 juin 2013 :

Actif courant

Trésorerie	7 960 $

E6-21 L'enregistrement des ventes à crédit, des escomptes sur ventes, des retours sur ventes et des ventes par carte de crédit

Écritures de journal :

11-20	Trésorerie (+A)	441	
	Escomptes sur cartes de crédit (+XPr, –Pr, –CP)	9	
	Ventes (+Pr, +CP)		450
	Enregistrement de la vente par carte de crédit au client B		
11-25	Clients (+A)	2 800	
	Ventes (+Pr, +CP)		2 800
	Enregistrement d'une vente à crédit au client C		
11-28	Clients (+A)	7 200	
	Ventes (+Pr, +CP)		7 200
	Enregistrement d'une vente à crédit au client D		
11-30	Rendus et rabais sur ventes (+XPr, –Pr, –CP)	600	
	Clients (–A)		600
	Enregistrement d'un retour de marchandises du client D (7 200 $ × 1/12 = 600 $)		
12-6	Trésorerie (+A)	6 468	
	Escomptes sur ventes (+XPr, –Pr, –CP)	132	
	Clients (–A)		6 600
	Enregistrement du recouvrement d'un compte client durant la période d'escompte : 0,98 × (7 200 $ – 600 $) = 6 468 $		
12-30	Trésorerie (+A)	2 800	
	Clients (–A)		2 800
	Enregistrement du recouvrement d'un compte client		

Problèmes

P6-1 L'application des critères de comptabilisation des produits

Cas A

L'établissement de restauration vend au comptant des carnets de bons de réduction. Toutefois, l'encaissement n'est pas l'élément déterminant dans ce cas. L'établissement devra rendre le service de restauration, soit servir des repas. La reconnaissance des produits sera effectuée lorsque le client utilisera le bon de réduction ou lorsque celui-ci sera périmé. Dans ce dernier cas, l'établissement de restauration n'aura plus d'obligation envers le client.

Cas B

L'acompte de 100 $ est très inférieur au montant de la transaction de 50 000 $. La société de construction Hugo peut présumer que l'entreprise Finition ne pourra honorer son engagement étant donné son comportement passé dans de pareilles situations. Si les étudiants pensent que la société de construction Hugo pourra poursuivre et encaisser le solde de la vente auprès de l'entreprise Finition, ils comptabiliseront les produits au moment du contrat. Selon le degré d'incertitude de l'encaissement, plusieurs étudiants répondront que la comptabilisation des produits sera effectuée au fur et à mesure que l'encaissement aura lieu.

Cas C

La période admissible pour les garanties exige des montants significatifs. Toutefois, les critères de comptabilisation des produits autorisent la reconnaissance des produits au moment de la vente. L'entreprise Frigoplus devra augmenter sa provision de garanties à la période où la vente a été conclue. Plusieurs étudiants seront étonnés d'apprendre que des coûts futurs sont enregistrés comme charges à la période courante.

P6-3 Le pourcentage de la marge brute

		Cas A	Cas B	
Chiffre d'affaires brut		239 000$	165 000$	
Rendus et rabais sur ventes		20 000	7 167	f)
Chiffre d'affaires net	a)	219 000	157 833	e)
Coût des ventes	c)	153 300	110 483	g)
Marge brute	b)	65 700	47 350	d)
Charges opérationnelles	d)	43 700	18 600	
Résultat avant impôts		22 000	28 750	b)
Impôts sur le résultat (20 %)	e)	4 400	5 750	c)
Résultat net	f)	17 600$	23 000$	a)
Résultat par action (10 000 actions)	g)	1,76$	2,30$	

Cas A

a) 239 000$ − 20 000$ = 219 000$
b) 219 000$ × 0,30 = 65 700$
c) 219 000$ − 65 700$ = 153 300$
d) 65 700$ − 22 000$ = 43 700$
e) 22 000$ × 0,20 = 4 400$
f) 22 000$ − 4 400$ = 17 600$
g) 17 600$ ÷ 10 000 actions = 1,76$

Cas B

a) 2,30$ × 10 000 actions = 23 000$
b) 23 000$ ÷ (1,00 − 0,20) = 28 750$
c) 28 750$ × 0,20 = 5 750$
d) 28 750$ + 18 600$ = 47 350$
e) 47 350$ ÷ (1,00 − 0,70) = 157 833$
f) 165 000$ − 157 833$ = 7 167$
g) 157 833$ × 0,70 = 110 483$

P6-5 L'estimation de la dépréciation des comptes clients selon le classement chronologique des comptes clients

1.

	Analyse chronologique des comptes clients			
Client	Solde	Courant	Moins d'une année	Une année et plus
V. Lebrun	5 200$			5 200$
D. David	8 000		8 000$	
N. Leblanc	7 000	7 000$		
S. Strapontin	22 500	2 000	20 500	
T. Thomas	4 000	4 000		
Total	46 700$	13 000$	28 500$	5 200$
Pourcentage	100 %	28 %	61 %	11 %

2.

Estimation de la dépréciation des comptes clients				
Âge des comptes clients	Montant		Pourcentage estimé des pertes	Montant estimé de la provision
Courant	13 000 $	×	2 %	=	260 $
Moins d'une année	28 500	×	7 %	=	1 995
Une année et plus	5 200	×	30 %	=	1 560
Solde estimé de la provision pour dépréciation — clients					3 815
Solde réel de la provision pour dépréciation — clients					920
Dépréciation des comptes clients de la période					2 895 $

3. Écriture de régularisation :

Dépréciation des comptes clients (+C, –CP)	2 895	
Provision pour dépréciation — clients (+XA, –A)		2 895

4. État du résultat global :

Charges opérationnelles	
Dépréciation des comptes clients	2 895 $

État de la situation financière :

Actif courant	
Clients	46 700 $
Provision pour dépréciation — clients	3 815
Clients, nets	42 885

P6-7 L'établissement d'un rapprochement bancaire et les écritures de journal correspondantes

1.

Maison Hocquart
Rapprochement bancaire
mois d'avril 2014

Registres comptables		Relevé bancaire	
Solde aux livres*	23 900 $	Solde bancaire	23 550 $
Plus :		Plus :	
Intérêts encaissés	1 180	Dépôts en circulation**	5 400
	25 080		24 530
Moins :		Moins :	
Chèque sans provision – A.B. Ray	160	Chèques en circulation	4 100
Frais bancaires	70		
Solde aux livres corrigé	24 850 $	Solde bancaire corrigé	24 850 $

* 23 500 $ + 41 500 $ – 41 100 $ = 23 900 $
** 41 500 $ – 36 100 $ = 5 400 $

2. Écritures de journal :

a) Trésorerie (+A) 1 180

    Produits financiers (+Pr, +CP) 1 180

    Intérêts encaissés par la banque

b) Clients (+A) 160

    Trésorerie (–A) 160

    Chèque sans provision d'A.B. Ray

c) Charges financières (+C, –CP) 70

    Trésorerie (–A) 70

    Frais bancaires déduits du relevé bancaire

Ces écritures de journal sont nécessaires, car certaines transactions figurent sur le relevé bancaire sans être inscrites aux livres de l'entreprise.

3. Solde du compte Trésorerie 24 850 $

4. État de la situation financière au 30 avril 2014 :

Actif courant

Trésorerie 24 850 $

P6-9 L'enregistrement du chiffre d'affaires, des retours et de la dépréciation des comptes clients

1. Écritures de journal :

a) Trésorerie (+A) 234 000

    Ventes (+Pr, +CP) 234 000

    Ventes au comptant de 2013

b) Clients (+A) 13 000

    Ventes (+Pr, +CP) 13 000

    Vente à crédit à R. Jeunet

c) Clients (+A) 25 000

    Ventes (+Pr, +CP) 25 000

    Vente à crédit à K. Noiret

d) Rendus et rabais sur ventes (+XPr, –Pr, –CP) 500

    Clients (–A) 500

    Retour de marchandises de R. Jeunet, 1 unité à 500 $

e) Clients (+A) 24 500

    Ventes (+Pr, +CP) 24 500

    Vente à crédit à B. Serrault

f) Trésorerie (+A) 12 250

    Escomptes sur ventes (+XPr, –Pr, –CP) 250

        Clients (–A) 12 500

    Versement de R. Jeunet (13 000 $ – 500 $) × 0,98 = 12 250 $

g) Trésorerie (+A) 98 000

    Escomptes sur ventes (+XPr, –Pr, –CP) 2 000

        Clients (–A) 100 000

    Période d'escompte : 98 000 $ ÷ 0,98 = 100 000 $

h)   Trésorerie (+A)   24 500

        Escomptes sur ventes (+XPr, −Pr, −CP)   500

             Clients (−A)   25 000

        Versement de K. Noiret, 25 000 $ × 0,98 = 24 500 $

i)   Clients (+A)   17 500

             Ventes (+Pr, +CP)   17 500

        Vente à crédit à R. Roy

j)   Rendus et rabais sur ventes (+XPr, −Pr, −CP)   3 500

             Trésorerie (−A)   3 430

             Escomptes sur ventes (−XPr, +Pr, +CP)   70

        K. Noiret : retour de marchandises de 7 unités à 500 $
        moins l'escompte sur ventes accordé = 3 500 $ × 0,98

k)   Trésorerie (+A)   6 000

             Clients (−A)   6 000

        Recouvrement d'un compte client après la période
        d'escompte

l)   Provision pour dépréciation – clients (−XA, +A)   3 000

            Clients (−A)   3 000

        Radiation d'un compte client

m)   Dépréciation des comptes clients (+C, −CP)   2 000

           Provision pour dépréciation – clients (+XA, −A)   2 000

Solde de la provision pour dépréciation au 1er janvier   7 000 $

Moins : radiation d'un compte client   3 000

Solde avant ajustement   4 000

Dépréciation de la période   2 000

Solde de la provision pour dépréciation au 31 décembre   6 000 $

2. État du résultat global :

Chiffre d'affaires brut*   314 000 $

Rendus et rabais sur ventes**   4 000

Escomptes sur ventes***   2 680

Chiffre d'affaires net   307 320

Charges opérationnelles

Dépréciation des comptes clients   2 000

*   234 000 $ + 13 000 $ + 25 000 $ + 24 500 $ + 17 500 $
**   3 500 $ + 500 $
*** 250 $ + 2 000 $ + 500 $ − 70 $

CHAPITRE 7

Les stocks

Questions

1. Les stocks constituent souvent le montant d'actif le plus important à l'état de la situation financière. Par conséquent, ils représentent une grande part des ressources disponibles de l'entreprise. Si leur montant est trop élevé, des ressources sont gaspillées; s'il est trop bas, l'entreprise perd des ventes. Ainsi, pour les utilisateurs internes, le contrôle des stocks est très important. À l'état du résultat global, les stocks influent directement sur le montant du résultat. Les utilisateurs externes des états financiers s'intéressent donc particulièrement à cet effet et à la façon dont les stocks sont mesurés. C'est donc en raison de ses effets sur l'état de la situation financière et l'état du résultat global que tous les utilisateurs s'intéressent aux stocks.

2. Les stocks ne devraient comprendre que les éléments sur lesquels l'entreprise détient un droit légal. Y sont inclus tous les produits et fournitures pour lesquels l'entreprise détient un droit de propriété, quel que soit leur emplacement, de même que tous les coûts encourus afin d'amener les stocks à un état où ils sont prêts à être vendus.

3. L'entreprise comptabilise le stock de clôture selon la convention d'évaluation au coût historique (coût d'origine). On détermine le nombre d'unités en stock à la fin de la période, puis le coût unitaire. Ce coût unitaire comprend tous les coûts encourus en vue d'avoir un produit prêt à la vente.

4. Voici des exemples d'éléments à inclure dans le coût historique des stocks : le prix facturé diminué des escomptes et rabais; les frais de transport pour la livraison des articles; les droits de douane sur les articles importés; les coûts de manutention, d'inspection et de préparation de la marchandise; les frais d'entreposage, s'ils sont nécessaires au processus de production; les coûts de financement des stocks qui demandent une longue période de préparation (par exemple, le bois d'œuvre). Dans le processus de fabrication, on n'inclut que les coûts basés sur une production des coûts standards.

   Voici certains éléments à exclure du coût historique des stocks : le salaire des employés du service de la vente; tous les frais de commercialisation; le coût d'emprunt lié au financement des achats de stocks; les coûts de stockage et les montants anormaux pour les déchets de fabrication.

5. Le total du stock d'ouverture et des achats de biens au cours d'une période représente le coût des biens disponibles à la vente. Le coût des ventes est la différence entre le coût des biens disponibles à la vente et du stock de clôture.

6. L'entreprise commence chaque période avec un stock de biens en main appelé «stock d'ouverture» (SO). Les biens dont elle dispose à la fin d'une période financière portent le nom de «stock de clôture» (SC). Le stock de clôture d'une période devient automatiquement le stock d'ouverture de la période suivante.

7. a) **La méthode de l'identification spécifique du coût (coût propre)** — Cette méthode exige que chaque article du stock d'ouverture et chaque article acheté durant la période soient énuméré précisément pour que son coût unitaire spécifique lui soit attribué lors de la vente. Cela suppose donc que le coût de chaque article soit comptabilisé distinctement. Pour ce faire, on peut utiliser un code à barres ou un numéro de série. Lorsqu'un article est vendu, son coût spécifique sert à déterminer le coût des ventes. Lors du dénombrement final, les articles en main sont énumérés précisément et on attribue à chacun son coût spécifique pour obtenir le stock de clôture à l'état de la situation financière.

   b) **La méthode PEPS** — Cette méthode suppose que les coûts des articles achetés en premier (les premiers coûts enregistrés) sont les premiers à être sortis ou vendus. Selon cette méthode, le coût des ventes représente les coûts les plus anciens ; on attribue au stock de clôture les coûts des articles les plus récents. Cette méthode part du principe selon lequel les coûts les plus anciens doivent être ceux qu'on doit tenter de rapprocher des produits.

   c) **La méthode CMP** — Cette méthode de détermination du coût des stocks dans un système d'inventaire périodique est basée sur un coût moyen pondéré pour toute la période. À la fin de celle-ci, on calcule le coût moyen pondéré d'une unité en divisant le montant en dollars des biens disponibles à la vente par le nombre d'unités des biens disponibles à la vente. Le coût unitaire ainsi obtenu sert à déterminer le coût des ventes ; on multiplie alors le nombre d'unités vendues par ce coût unitaire. De même, le stock de clôture est déterminé en multipliant ce même coût unitaire par le nombre d'unités en main à la fin de la période.

8. La méthode de l'identification spécifique du coût peut permettre une manipulation. En effet, on peut modifier de façon intentionnelle l'information présentée aux états financiers lorsque les articles en stock sont fongibles en tous points sauf pour ce qui est de leur coût. On peut alors manipuler le coût des ventes et le stock de clôture en choisissant parmi plusieurs coûts unitaires, car les biens ne diffèrent d'aucune façon, sauf celle du coût. Pour illustrer ces propos, supposons qu'il y a trois unités du produit A sur la tablette. L'une des unités a coûté 100 $, l'autre, 115 $ et la troisième, 125 $. Si une unité est vendue 200 $, la marge brute variera en fonction du coût attribué à cette unité, soit respectivement 100 $ de marge brute, 85 $ ou 75 $. Pour les articles fongibles, on peut choisir l'article vendu, ce qui influe sur la marge brute de même que sur l'évaluation du stock de clôture. Ainsi, cette méthode ne peut s'appliquer qu'à des biens non fongibles.

9. Les méthodes PEPS et CMP produisent des effets différents sur la détermination du montant du stock de clôture de la période présentée à l'état de la situation financière. Le stock de clôture est déterminé en fonction des coûts unitaires les plus récents ou une moyenne pondérée des coûts de la période, selon la méthode utilisée. Selon la méthode PEPS, les coûts les plus récents servent à déterminer le stock de clôture ; selon la méthode CMP, les coûts moyens de la période servent à déterminer le stock de clôture.

   a) Ainsi, lorsque les prix augmentent, le stock de clôture à l'état de la situation financière est plus élevé si l'on emploie la méthode PEPS plutôt que la méthode CMP.

   b) Inversement, lorsque les prix diminuent, le stock de clôture à l'état de la situation financière sera plus élevé si l'on emploie la méthode CMP plutôt que la méthode PEPS.

10. Les méthodes PEPS et CMP influent sur l'état du résultat global de deux façons : 1) sur le coût des ventes ; 2) sur le résultat.

    a) Lorsque les prix augmentent, la méthode PEPS produit un coût des ventes moins élevé et un résultat avant impôts plus élevé que la méthode CMP.

    b) Inversement, lorsque les prix diminuent, la méthode PEPS produit un coût des ventes supérieur et un résultat avant impôts inférieur à ceux qui sont obtenus avec la méthode CMP.

11. Le montant de l'achat (décaissement) et le montant obtenu de la vente (encaissement) ne varient pas selon que l'on utilise l'une ou l'autre des méthodes PEPS et CMP. En effet, ces méthodes servent à déterminer le coût des ventes et les stocks selon une comptabilité d'engagement et non une comptabilité de caisse. Puisque la méthode CMP donne un résultat moins élevé lorsque les prix augmentent, le paiement des impôts (décaissement) est plus faible l'année de la vente, ce qui permet de différer l'impôt, car cette situation se renversera au cours des années suivantes.

12. L'évaluation au plus faible du coût et de la valeur nette de réalisation s'applique lorsqu'il est possible de remplacer les marchandises incluses au stock de clôture par des articles identiques, mais à un coût moindre (valeur nette de réalisation à la date de fin de période inférieure au

coût historique). Le stock de clôture est alors évalué à la valeur nette de réalisation (moindre), ce qui fait diminuer le résultat net et le montant du stock présenté à l'état de la situation financière. La valeur nette de réalisation est le prix de vente estimé dans le cours normal de l'activité diminué des coûts estimés pour l'achèvement et des coûts estimés nécessaires pour réaliser la vente.

13. Il faut constater une perte de détention ou une dépréciation (diminution du résultat et des stocks.) La dépréciation se comptabilise durant la période au cours de laquelle la valeur nette de réalisation d'un article est inférieure au coût, plutôt que durant la période au cours de laquelle le bien a été vendu. Plus précisément, on doit augmenter le compte de contrepartie Provision pour dépréciation (en diminution) du Stock à l'état de la situation financière, puis augmenter le coût des ventes à l'état du résultat global. Par la suite, cette dépréciation peut être reprise si les circonstances de la diminution de valeur s'inversent, et ce, jusqu'à concurrence de la dépréciation. Cette reprise de dépréciation se comptabilise dans les mêmes comptes, mais en sens inverse.

14. Le système d'inventaire **permanent** consiste à tenir à jour un compte Stocks (ou Inventaire) dans les livres comptables au cours de la période financière. Pour chaque type de biens en main, ce compte détaillé indique : 1) le nombre d'unités et le coût du stock d'ouverture ; 2) le nombre d'unités et le coût de chaque achat ; 3) le nombre d'unités et le coût des biens pour chaque vente ; 4) le nombre d'unités et le coût des biens en main à n'importe quel moment. On le tient à jour en enregistrant chacune des opérations à mesure qu'elles ont lieu au cours de la période. Dans un système d'inventaire permanent, le compte Stocks donne à la fois le montant des stocks de clôture et le montant du coût des ventes, à tout moment. Il faut cependant procéder à un dénombrement de temps à autre pour s'assurer que ce compte est exact. On peut alors y apporter les corrections nécessaires en cas d'erreur ou de vol.

Selon le système d'inventaire **périodique**, on ne tient pas à jour le compte Stocks au cours de la période. Il faut donc procéder à un véritable dénombrement (ou prise d'inventaire) des biens qui sont toujours en main à la fin de chaque période financière. Ainsi, on ne connaît pas la valeur des stocks avant la fin de la période, c'est-à-dire au moment où l'on procède au dénombrement physique des stocks. Il est donc impossible de déterminer de façon précise le coût des ventes tant que ce dénombrement n'est pas terminé.

15. Les trois principales différences que l'on trouve entre les normes internationales d'information financière (IAS 2 de la partie I du *Manuel de l'ICCA*) et les normes comptables pour les entreprises à capital fermé (chapitre 3031 de la partie II du *Manuel de l'ICCA*) concernant les stocks sont les suivantes :

1) Le traitement de l'intérêt directement attribuable à l'acquisition, à la construction ou à la production de stocks ;

2) Le traitement des coûts de démantèlement et de remise en état pour la production de stocks ;

3) Les exigences en matière d'information à divulguer aux états financiers.

Mini-exercices

M7-1 Les liens entre les articles en stock et le type d'entreprise

Type de stocks	Type d'entreprise	
	Détaillant ou grossiste	Producteur
Marchandises	✔	
Produits finis		✔
Produits en cours de production		✔
Matières premières		✔

M7-3 La détermination du coût des stocks pour un producteur

		a) Coût des stocks	b) Charges au moment de l'engagement
1.	Le salaire des ouvriers d'usine	✔	
2.	Le salaire des vendeurs		✔
3.	Le coût des matières premières achetées	✔	
4.	Le chauffage, l'éclairage et l'électricité de l'usine	✔	
5.	Les frais de commercialisation		✔
6.	Les heures supplémentaires des ouvriers de l'usine à la suite d'un bris accidentel de machinerie		✔

M7-5 La détermination des achats à l'aide de l'équation du coût des ventes et le taux de rotation des stocks

1. On peut estimer les achats de marchandises de la période en cours en se servant de l'équation du coût des ventes $(SO + A - SC = CV)$.

	Année 3 (en millions de dollars)
Coût des ventes	2 580,4
Stocks de clôture	848,5
Stocks d'ouverture	(853,5)
Achats de marchandises	2 575,4

2. Le taux de rotation des stocks :

Année 3

$$\frac{\text{Coût des ventes}}{\text{Stocks moyens}} = \frac{2\,580,4\,\$}{(848,5\,\$ + 853,5\,\$) \div 2} = 3,03 \text{ fois}$$

Année 2

$$\frac{\text{Coût des ventes}}{\text{Stocks moyens}} = \frac{2\,602,8\,\$}{(853,5\,\$ + 772,7\,\$) \div 2} = 3,20 \text{ fois}$$

L'entreprise Dofasco a vu son taux de rotation des stocks diminuer de 3,20 à 3,03 (détérioration du taux) ; par conséquent, elle n'a pas maintenu son excellence opérationnelle. Pour effectuer une analyse complète, il faudrait comparer ce ratio à celui du secteur. Par exemple, si le taux du secteur a diminué d'une période à l'autre et s'il se trouve au-dessous du taux de Dofasco, on peut dire que l'excellence opérationnelle a été maintenue.

M7-7 Le choix d'une méthode de détermination du coût des stocks et la situation économique des entreprises

a) Hausse des coûts   CMP

b) Baisse des coûts   PEPS

Un coût des ventes plus élevé amène un résultat avant impôts moins élevé, qui, à son tour, amène une charge d'impôts moins élevée. Par conséquent, il en résulte un effet favorable sur les flux de trésorerie.

M7-9 L'évaluation de l'incidence de changements concernant la gestion des stocks sur le taux de rotation des stocks

+   a) La livraison de stocks de pièces par les fournisseurs sur une base quotidienne plutôt qu'hebdomadaire

+   b) La diminution du processus de production de 10 à 8 jours

AE   c) L'augmentation des délais de paiement pour les achats de stock de 15 à 30 jours

Exercices

E7-1 L'analyse des éléments à inclure aux stocks

	Élément	Montant	Explication
	Stocks de clôture, dénombrement physique au 31 décembre 2012	50 000 $	Selon l'inventaire physique
a)	Biens achetés d'un fournisseur, en transit	+300	Les biens achetés d'un fournisseur avec la mention FAB au lieu d'expédition appartiennent à l'acheteur (Austin).
b)	Échantillon à l'essai chez le client	+400	Les échantillons à l'essai détenus par le client appartiennent toujours au vendeur; il n'y a eu aucune vente ou aucun transfert de propriété.
c)	Biens vendus aux clients, en transit	–	Les biens expédiés aux clients avec la mention FAB au lieu d'expédition leur appartiennent, car le transfert de propriété s'est fait lorsque les biens ont été cédés à la société de transport. Ces articles ont été correctement exclus des stocks de clôture d'Austin.
d)	Biens vendus aux clients, en transit	+1 000	Les biens vendus qui sont en transit avec la mention FAB au point d'arrivée appartiennent au vendeur (Austin) jusqu'à ce qu'ils arrivent à destination.
e)	Escompte sur achat des fournisseurs	– 1 500	Les escomptes et rabais sur les achats de marchandises sont déduits du coût des stocks et non passés en charge.
f)	Frais de financement	– 800	Les frais de financement sont exclus des stocks, à moins qu'ils ne soient nécessaires pour l'entreposage des biens dans le processus de production.
g)	Frais de douane des matières premières	–	Ces coûts ont été correctement inclus au coût des stocks de matières premières.
	Stocks au 31 décembre 2012	49 400 $	Montant corrigé

E7-3 La détermination des montants manquants à l'aide des liens existant entre les postes de l'état du résultat global

Les montants manquants sont inscrits en gras:

Cas	Chiffres d'affaires	Stock d'ouverture	Achats	Biens disponibles à la vente	Stock de clôture	Coût des ventes	Marge brute	Charges	Résultat avant impôts
A	650$	100$	700$	**800**	500$	**300$**	**350$**	200$	**150$**
B	900	200	800	**1 000**	**250**	750	**150**	150	0
C	**600**	150	**350**	**500**	300	200	400	100	**300**
D	800	**100**	600	**700**	250	**450**	**350**	250	100
E	1 000	**200**	900	1 100	**600**	500	500	**550**	(50)

E7-5 Le calcul du stock de clôture et du coût des ventes selon les méthodes PEPS et CMP

	Unités	PEPS ($)	CMP ($)
Coût des ventes:			
Stock d'ouverture (6$)	2 000	12 000	12 000
Achats, 21 mars (9$)	5 000	45 000	45 000
Achats, 1er août (10$)	3 000	30 000	30 000
Biens disponibles à la vente	10 000	87 000	87 000
Stock de clôture*	(4 000)	(39 000)	(34 800)
Coût des ventes	6 000	48 000	52 200

* PEPS: (3 000 unités à 10$) + (1 000 unités à 9$) = 39 000$
  CMP: 87 000$ ÷ 10 000 unités = 8,70$ l'unité
       4 000 unités à 8,70$ = 34 800$

E7-7 L'analyse et l'interprétation de l'incidence des méthodes PEPS et CMP sur les états financiers

1.

Bontemps
État du résultat global
période close le 31 décembre 2013
(en dollars)

	PEPS	CMP
Ventes*	440 000	440 000
Coût des ventes :		
Stock d'ouverture	36 000	36 000
Achats	194 000	194 000
Biens disponibles à la vente**	230 000	230 000
Stock de clôture***	(114 000)	(103 500)
Coût des ventes	(116 000)	(126 500)
Marge brute	324 000	313 500
Charges	(195 000)	(195 000)
Résultat avant impôts	129 000	118 500

*   Ventes : 11 000 unités × 40 $ = 440 000 $
** Biens disponibles à la vente (dans les deux cas) :

	Unités	Coût unitaire	Coût total
Stock d'ouverture	3 000	12 $	36 000 $
Achat, 11 avril 2013	9 000	10	90 000
Achat, 1er juin 2013	8 000	13	104 000
Biens disponibles à la vente	20 000		230 000 $

*** Stock de clôture :
   20 000 unités disponibles à la vente − 11 000 unités vendues = 9 000 unités

PEPS :
(8 000 unités × 13 $ = 104 000 $)
+ (1 000 unités × 10 $ = 10 000 $)   = 114 000 $
CMP :
230 000 $ ÷ 20 000 unités = 11,50 $ l'unité
9 000 unités × 11,50 $ = 103 500 $

2.

	PEPS	CMP
Résultat avant impôts	129 000 $	118 500 $
	Différence = 10 500 $	
Stock de clôture	114 000 $	103 500 $
	Différence = 10 500 $	

Les calculs ci-dessus montrent que la différence de résultat avant impôts selon les deux méthodes est exactement la même que celle du stock de clôture. La différence du stock de clôture a un effet identique, dollar pour dollar, sur le résultat avant impôts.

E7-9 Le choix entre deux méthodes de détermination du coût des stocks selon leur incidence sur les flux de trésorerie et le résultat net

1.

État du résultat global	Nombre d'unités	Méthode de détermination du coût des stocks	
		PEPS	CMP
Chiffre d'affaires	8 200	533 000 $	533 000 $
Coût des ventes :			
Stock d'ouverture	2 000	76 000	76 000
Achats	8 000	320 000	320 000
Biens disponibles à la vente	10 000	396 000	396 000
Stock de clôture*	(1 800)	(72 000)	(71 280)
Coût des ventes	8 200	(324 000)	(324 720)
Marge brute		209 000	208 280
Charges		(144 500)	(144 500)
Résultat avant impôts		64 500	63 780
Impôts sur le résultat (30 %)		(19 350)	(19 134)
Résultat net		45 150 $	44 646 $

* PEPS : 1 800 unités × 40 $ = 72 000 $
CMP : Coût unitaire moyen : 396 000 $ ÷10 000 unités = 39,60 $ l'unité
1 800 unités × 39,60 $ = 71 280 $

2. La méthode PEPS engendre un résultat net supérieur à la méthode CMP lorsque les prix sont à la hausse, car elle permet d'arriver à un coût des ventes inférieur. La méthode PEPS attribue les coûts les plus anciens (premières unités) au coût des ventes.

La méthode CMP engendre des flux de trésorerie supérieurs à ceux qu'on obtient avec la méthode PEPS lorsque les prix sont à la hausse, car des coûts plus élevés sont alloués au coût des ventes. Par conséquent, le résultat avant impôts est inférieur. Il en résulte une charge d'impôts inférieure pour la période.

3. Si les prix étaient en baisse, l'effet contraire se produirait. La méthode CMP engendrerait alors un résultat net plus élevé et des sorties de fonds moins favorables que la méthode PEPS à cause de la charge d'impôts plus élevée.

E7-11 L'enregistrement des stocks au plus faible du coût et de la valeur nette de réalisation

1.

Article	Quantité en main		Coût total			Valeur nette de réalisation à la fin de la période	Méthode de la valeur minimale
A	20	× 10 $ =	200 $	× 15 $ =		300 $	200 $
B	75	× 40 =	3 000	× 36 =		2 700	2 700
C	35	× 58 =	2 030	× 54 =		1 890	1 890
D	10	× 29 =	290	× 31 =		310	290
Total			5 520 $			5 200 $	5 080 $

Le montant des stocks de clôture de l'année 2011, selon la méthode de la valeur minimale, est de 5 080 $. C'est ce montant qui doit figurer à l'état de la situation financière.

2. La réduction des stocks à la valeur minimale augmentera la charge du coût des ventes selon le montant de la dépréciation, soit:

Coût total – Évaluation à la valeur minimale = Dépréciation
5 520$ – 5 080$ = 440$

3. Reprise de dépréciation de 100$ au 1er trimestre de 2012:

Actif	=	Passif	+	Capitaux propres
Provision pour dépréciation des stocks +100				Résultats non distribués* +100

* Diminution du coût des ventes

Postes affectés:

Provision pour dépréciation des stocks* (–XA, +A)	100	
Dépréciation des stocks** (–C, +CP)		100

* Poste de contrepartie du stock à l'état de la situation financière
** Normalement inclus dans le coût des ventes

E7-13 L'analyse et l'interprétation de l'incidence du choix entre les méthodes PEPS et CMP sur le taux de rotation des stocks

Selon la méthode PEPS

Biens disponibles à la vente selon la méthode PEPS:

Unités (19 + 25 + 50)	= 94 unités
Montant (266$ + 375$ + 800$)	= 1 441$

Stock de clôture: 94 unités – 68 unités vendues = 26 unités

Stock de clôture (26 unités × 16$)	= 416$
Coût des ventes (1 441$ – 416$)	= 1 025$

$$\text{Taux de rotation des stocks} = \frac{\text{Coût des ventes}}{\text{Stocks moyens}} = \frac{1\ 025\$}{(266\$ + 416\$) \div 2} = 3 \text{ fois}$$

Selon la méthode CMP

Biens disponibles à la vente selon la méthode CMP:

Unités (19 + 25 + 50)	= 94 unités
Montant (228$ + 375$ + 800$)	= 1 403$
Coût unitaire moyen pondéré: 1 403$ ÷ 94 unités	= 14,93$ l'unité

Stock de clôture: 94 unités – 68 unités vendues = 26 unités

Stock de clôture (26 unités × 14,93$)	= 388$
Coût des ventes (1 403$ – 388$)	= 1 015$

$$\text{Taux de rotation des stocks} = \frac{\text{Coût des ventes}}{\text{Stocks moyens}} = \frac{1\ 015\$}{(228\$ + 388\$) \div 2} = 3,3 \text{ fois}$$

Le taux de rotation des stocks, selon la méthode PEPS, est normalement un meilleur indicateur. En effet, la méthode CMP permet d'inclure des coûts unitaires plus anciens dans la moyenne des coûts aux stocks de clôture.

E7-15 L'analyse de l'effet d'une erreur à la suite de l'enregistrement des achats

1. Le résultat net de 2012 sera surévalué. Une sous-évaluation des achats entraîne une sous-évaluation du coût des ventes et, par conséquent, une surévaluation du résultat de la période.

SO + A − SC $\quad$ = $\quad$ CV
Sous-évaluation $\quad\quad$ Sous-évaluation

2. Le résultat net de 2013 sera sous-évalué. Une surévaluation des achats entraîne une surévaluation du coût des ventes et, par conséquent, une sous-évaluation du résultat net de la période.

SO + A − SC $\quad$ = $\quad$ CV
Surévaluation $\quad\quad$ Surévaluation

3. Les résultats non distribués au 31 décembre 2012 seront surévalués en raison de la surévaluation du résultat net de 2012.

4. Les résultats non distribués au 31 décembre 2013 seront exacts, car la surévaluation du résultat net pour 2012 et la sous-évaluation du résultat net pour 2013 s'annuleront au 31 décembre 2013.

E7-17 L'analyse et l'interprétation de l'incidence d'une erreur sur les stocks

1. La sous-évaluation de 400$ du stock de clôture du premier trimestre entraîne un résultat avant impôts inexact de 400$ pour chaque trimestre. Toutefois, l'effet sur le résultat avant impôts pour chaque trimestre est inverse (c'est-à-dire que, pour le premier trimestre, le résultat avant impôts est sous-évalué de 400$ et que, pour le deuxième trimestre, il est surévalué de 400$). Cette autocorrection entraîne un résultat net exact après deux trimestres.

2. Cette erreur a modifié le montant du résultat par action de chaque trimestre, car le résultat avant impôts de chaque trimestre est erroné (voir ci-dessous).

3.

	Premier trimestre	Deuxième trimestre
Chiffre d'affaires	11 000$	18 000$
Coût des ventes:		
Stock d'ouverture	4 000	4 200
Achats	3 000	13 000
Biens disponibles à la vente	7 000	17 200
Stock de clôture	(4 200)	(9 000)
Coût des ventes	2 800	8 200
Marge brute	8 200	9 800
Charges	(5 000)	(6 000)
Résultat avant impôts	3 200$	3 800$

4.

Poste de l'état du résultat global	Premier trimestre			Deuxième trimestre		
	Erroné	Exact	Erreur	Erroné	Exact	Erreur
Stock d'ouverture	4 000	4 000	Aucune	3 800	4 200	Sous-estimation de 400
Stock de clôture	3 800	4 200	Sous-estimation de 400	9 000	9 000	Aucune
Coût des ventes	3 200	2 800	Surestimation de 400	7 800	8 200	Sous-estimation de 400
Marge brute	7 800	8 200	Sous-estimation de 400	10 200	9 800	Surestimation de 400
Résultat avant impôts	2 800	3 200	Sous-estimation de 400	4 200	3 800	Surestimation de 400

E7-19 La comptabilisation des achats et des ventes selon un système d'inventaire permanent ou un système d'inventaire périodique

a) Système d'inventaire permanent.

Équation comptable :

Date	Actif		=	Passif		+	Capitaux propres	
01-14	Clients	+900					Ventes	+900
	Stocks	−400					Coût des ventes	−400
04-09	Stocks	+300		Fournisseurs	+300			
09-02	Clients	+2 250					Ventes	+2 250
	Stocks	−900					Coût des ventes	−900
12-31	Aucun			Aucun			Aucun	

Écritures de journal :

01-14	Clients (+A)	900	
	Ventes (+Pr, +CP) — (20 unités à 45 $)		900
	Coût des ventes (+C, −CP)	400	
	Stocks (−A) — (20 unités à 20 $)		400
04-09	Stocks (+A) — (15 unités à 20 $)	300	
	Fournisseurs (+Pa)		300
09-02	Clients (+A)	2 250	
	Ventes (+Pr, +CP) — (45 unités à 50 $)		2 250
	Coût des ventes (+C, −CP)	900	
	Stocks (−A) — (45 unités à 20 $)		900
12-31	Aucun ajustement		

b) Système d'inventaire périodique.

Équation comptable :

Date	Actif		=	Passif		+	Capitaux propres	
01-14	Clients	+900					Ventes	+900
04-09				Fournisseurs	+300		Achats	−300
09-02	Clients	+2 250					Ventes	+2 250
12-31	Stocks (début)	−2 000					Coût des ventes	−2 300
							Achats	+ 300
	Stocks (fin)	+1 000					Coût des ventes	+1 000

Écritures de journal:

01-14	Comptes clients (+A)	900	
	Ventes (+Pr, +CP) — (20 unités à 45 $)		900
04-09	Achats (+C, –CP) — (15 unités à 20 $)	300	
	Fournisseurs (+Pa)		300
09-02	Clients (+A)	2 250	
	Ventes (+Pr, +CP) — (45 unités à 50 $)		2 250
12-31	Coût des ventes (+C, –CP)	2 300	
	Achats (–C, +CP)		300
	Stocks (–A) — (début: 100 unités à 20 $)		2 000
	Stocks (+A) — (fin: 50 unités à 20 $)	1 000	
	Coût des ventes (–C, +CP)		1 000

Coût des ventes:

Stocks d'ouverture (100 unités à 20 $)	2 000 $
Achats	+ 300
Biens disponibles à la vente	2 300
Stocks de clôture (dénombrement: 50 unités à 20 $)	–1 000
Coût des ventes	1 300 $

E7-21 L'analyse des notes aux états financiers de sociétés états-uniennes afin de rectifier le montant des stocks, à partir de la méthode DEPS vers la méthode PEPS

1. La valeur des stocks de clôture qu'a indiquée Ford Motor Company est de 9 181 millions de dollars. Si Ford avait utilisé uniquement la méthode PEPS pour déterminer ses stocks de clôture, celle-ci aurait été plus élevée de 996 millions de dollars que le montant indiqué, soit 10 177 millions de dollars.

2. Le nouveau montant du coût des ventes doit refléter le nouveau calcul des stocks d'ouverture et des stocks de clôture (en millions de dollars):

Stocks d'ouverture	957
Stocks de clôture	– 996
Effet sur le coût des ventes	(39)

Si seule la méthode PEPS avait été utilisée, le coût des ventes aurait été le suivant: 129 821 $ – 39 $ = 129 782 $.

3. Lorsque les prix augmentent, la méthode DEPS produit normalement un résultat avant impôts inférieur. Par conséquent, la charge fiscale est moins élevée puisque, aux États-Unis, le fisc accepte cette méthode. Notons que la méthode DEPS est interdite par le fisc et les normes canadiens.

Problèmes

P7-1 L'analyse des éléments à inclure aux stocks

Description	Montant	Explication
Stocks de clôture	90 000 $	Dénombrement physique des stocks au 31 décembre 2013.
a) Marchandises à l'essai chez un client	+600	Marchandises en consignation chez un client; elles demeurent la propriété de l'entreprise; aucune vente ou aucun transfert de propriété n'a été effectué.
b) Marchandises d'un fournisseur, en transit	–	Marchandises d'un fournisseur livrées avec la mention FAB point de réception; elles demeurent la propriété du fournisseur jusqu'à leur arrivée à destination. On les a correctement exclues du dénombrement.
c) Marchandises en transit vers les clients	–	Marchandises expédiées aux clients avec la mention FAB point d'expédition; elles appartiennent aux clients parce que leur propriété a été transférée au moment de leur remise à l'entreprise de livraison. On les a correctement exclues du dénombrement.
d) Marchandises détenues pour un client	−1 500	Marchandises vendues à un client, mais détenues par l'entreprise; elles appartiennent au client. Le transfert de propriété a été effectué.
e) Marchandises d'un fournisseur, en transit	+2 700	Marchandises achetées et en transit avec la mention FAB point d'expédition; elles sont la propriété de l'acheteur.
f) Marchandises vendues et en transit	+780	Marchandises vendues et en transit avec la mention FAB point de réception; elles sont la propriété du vendeur jusqu'à leur arrivée à destination.
g) Marchandises détenues en consignation	−4 000	Marchandises détenues en consignation; elles sont la propriété du consignateur (le fournisseur), non du consignataire.
Stocks corrigés au 31 décembre 2013	88 580 $	

P7-3 Le choix d'une des trois méthodes de détermination du coût des stocks selon le résultat et les flux de trésorerie

1.

Balbec
État du résultat global
pour le mois se terminant le 31 janvier 2012

	a) CMP	b) PEPS	c) Coût propre
Chiffre d'affaires*	10 400$	10 400$	10 400$
Coût des ventes**	(3 805)	(3 400)	(3 520)
Marge brute	6 595$	7 000$	6 880$

* Chiffre d'affaires : 750 unités × 16$ = 10 400$
** Coût des ventes :

	Unités	a) CMP	b) PEPS	c) Coût propre
Stock d'ouverture	500	2 500$	2 500$	2 500$
Achats(1)	760	4 880	4 880	4 880
Biens disponibles à la vente	1 260	7 380	7 380	7 380
Stock de clôture(2)	(610)	(3 575)	(3 980)	(3 860)
Coût des ventes	650	3 805$	3 400$	3 520$

(1) Achats :

12 janvier	600	unités × 6$	= 3 600$
26 janvier	160	unités × 8$	= 1 280
Total	760		4 880$

(2) Stock de clôture :

a) CMP	7 380$ ÷ 1 260 unités	=	5,86$ l'unité
	610	unités × 5,86$	= 3 575$
b) PEPS	160	unités à 8$	= 1 280$
	450	unités à 6$	= 2 700
	610	unités	3 980$
c) Coût propre	120	unités à 5$	= 600$
	330	unités à 6$	= 1 980
	160	unités à 8$	= 1 280
	610	unités	3 860$

2. La méthode PEPS permettrait d'obtenir le résultat avant impôts le plus élevé parce que : 1) les prix sont à la hausse ; 2) PEPS attribue les coûts les plus anciens au coût des ventes. Pour les mêmes raisons, cette méthode donnerait le résultat par action le plus élevé, étant donné le résultat avant impôts plus élevé qu'elle génère.

3. Puisque la méthode CMP génère un résultat avant impôts inférieur à celui obtenu avec la méthode PEPS, la méthode CMP présenterait une charge d'impôts sur le résultat plus basse de 122$ ([7 000$ − 6 595$] × 30%).

4. La méthode CMP permettrait d'obtenir le flux de trésorerie le plus avantageux, car elle produirait une charge d'impôts sur le résultat de 122$ de moins que ne le ferait la méthode PEPS.

P7-5 La détermination de l'incidence de la règle de la valeur minimale sur l'état du résultat global et les flux de trésorerie

1.

Simonet
État du résultat global (selon la règle de la valeur minimale)
période close le 31 décembre 2013
(en dollars)

Chiffre d'affaires	280 000
Coût des ventes :	
Stock d'ouverture	30 000
Achats	182 000
Biens disponibles à la vente	212 000
Stock de clôture	(35 000)*
Coût des ventes	(177 000)
Marge brute	103 000
Frais opérationnels	(61 000)
Résultat avant impôts	42 000
Impôts sur le résultat (42 000 $ × 30 %)	(12 600)
Résultat net	29 400

* Stock de clôture selon la règle de la valeur minimale :

Article	Quantité	Coût d'achat		Valeur nette de réalisation		Règle de la valeur minimale
		Coût unitaire	Total	Coût unitaire	Total	
A	3 000	× 3 $	= 9 000 $	× 4 $	= 12 000 $	9 000 $
B	1 500	× 4	= 6 000	× 2	= 3 000	3 000
C	7 000	× 2	= 14 000	× 4	= 28 000	14 000
D	3 000	× 5	= 15 000	× 3	= 9 000	9 000
Total			44 000 $		52 000 $	35 000 $

Valeur minimale des stocks = 35 000 $

2.

Élément modifié	PEPS (coût)	Valeur minimale	Montant du changement (diminution)
Stock de clôture	44 000 $	35 000 $	(9 000) $
Coût des ventes	168 000	177 000	9 000
Marge brute	112 000	103 000	(9 000)
Résultat avant impôts	51 000	42 000	(9 000)
Impôts sur le résultat	15 300	12 600	(2 700)
Résultat net	35 700	29 400	(6 300)

Explication :

Les stocks de clôture, le coût des ventes, la marge brute et le résultat avant impôts ont été modifiés à cause de l'incidence de la règle de la valeur minimale.

La charge d'impôts sur le résultat a diminué parce que l'augmentation des charges diminue le résultat avant impôts.

La réduction du résultat net a été de 9 000 $ (comptabilisation d'une dépréciation au coût des ventes de 9 000 $) moins l'épargne provenant de la réduction des impôts de 2 700 $ = 6 300 $.

3. Les méthodes d'évaluation du coût des stocks (CMP, PEPS et identification spécifique du coût, ou coût propre) appliquent le rattachement des charges aux produits, ce qui implique que le coût des ventes est le coût réel constaté pour la vente de biens durant la période ; ce coût est rapproché des ventes de la période.

La règle de la valeur minimale est une exception à la convention de l'évaluation au coût historique. Le concept de la règle de la valeur minimale est basé sur le fait que si la valeur nette de réalisation est inférieure au coût attribué aux stocks, tous les articles en main devront être évalués à cette plus faible valeur. La valeur nette de réalisation est le prix de vente estimé dans le cours normal des activités diminué des coûts de vente estimés. Le but est de comptabiliser la dépréciation (c'est-à-dire la baisse du coût à la valeur nette de réalisation) dans le coût des ventes pendant la période au cours duquel la baisse a été constatée. La règle de la valeur minimale permet de constater les dépréciations dans la période où la valeur des stocks a diminué. Les normes permettent aussi de comptabiliser la reprise de dépréciation lorsque les circonstances le justifient, et ce, jusqu'à concurrence de la dépréciation constatée.

4. La règle de la valeur minimale réduit le résultat avant impôts et la charge d'impôts. Il y avait une épargne de trésorerie de 2 700$ en 2013 (hypothèse : la règle de la valeur minimale a été incluse dans le calcul des impôts). Au cours des périodes suivantes, le résultat avant impôts sera plus élevé de 9 000$; par conséquent, les impôts et les flux de trésorerie seront supérieurs. Le gain véritable pour l'entreprise sera la valeur temporelle de l'argent entre 2013 et les périodes suivantes lorsque l'augmentation des impôts devra être déboursée (évidemment, un changement apporté aux taux d'imposition modifiera cette analyse).

5. La reprise de dépréciation ne peut dépasser la valeur nette de réalisation de 2$ l'unité, soit le montant unitaire de la dépréciation déjà constatée, pour un montant maximal de 3 000$.

P7-7 L'analyse et l'interprétation de l'incidence d'erreurs concernant les stocks

1.

Pontbriand
État du résultat global corrigé
pour les périodes
(en dollars)

	2011	**2012**	**2013**	**2014**
Chiffre d'affaires	2 025 000	2 450 000	2 700 000	2 975 000
Coût des ventes	(1 505 000)	(1 652 000)*	(1 757 000)*	(2 113 000)
Marge brute	520 000	798 000	943 000	862 000
Charges	(490 000)	(513 000)	(538 000)	(542 000)
Résultat avant impôts	30 000	285 000	405 000	320 000
Impôts sur le résultat (30 %)	(9 000)	(85 500)	(121 500)	(96 000)
Résultat net	21 000	199 500	283 500	224 000

* Il y a eu surévaluation des stocks de clôture de 25 000$ en 2012 ; cette surévaluation a eu pour effet de sous-évaluer le coût des ventes de 2012 de 25 000$ (1 627 000$ − 1 652 000$) et de surévaluer le résultat net de 2012. Cette erreur a été reportée automatiquement aux stocks d'ouverture de 2013. Par conséquent, le coût des ventes de 2013 a été surévalué de 25 000$ (1 782 000$ − 1 757 000$) et le résultat net de 2013 a été sous-évalué. Les montants de 2011 et 2014 n'ont pas été touchés. C'est ce qu'on appelle une « autocorrection ». Le résultat net cumulatif des quatre années n'a donc pas changé.

2. Pourcentage de la marge brute (Marge brute ÷ Ventes) :

	2011	**2012**	**2013**	**2014**
Avant la correction :				
520 000$ ÷ 2 025 000$ =	25,7 %			
823 000$ ÷ 2 450 000$ =		33,6 %		
918 000$ ÷ 2 700 000$ =			34 %	
862 000$ ÷ 2 975 000$ =				29 %

	2011	**2012**	**2013**	**2014**
Après la correction :				
Aucun changement	25,7 %			
798 000$ ÷ 2 450 000$ =		32,6 %		
943 000$ ÷ 2 700 000$ =			34,9 %	
Aucun changement				29 %

Les montants corrigés présentent une tendance différente, dont une variation plus importante de 2012 à 2013, plus près de la réalité.

3. L'effet de l'erreur sur la charge d'impôts aurait été le suivant:

	2012	**2013**
Impôts sur le résultat inscrits	93 000$	114 000$
Impôts sur le résultat corrigés	(85 500)	(121 500)
Impôts sur le résultat surévalués (sous-évalués)	7 500$	(7 500)$

P7-9 L'évaluation du choix entre les méthodes DEPS et PEPS à la suite d'une note sur les stocks aux états financiers d'une entreprise états-unienne

1. Tout d'abord, il faut noter que GM est une société états-unienne et que la méthode DEPS est acceptée par le fisc et les normes états-uniennes, ce qui n'est pas le cas du fisc ni des normes internationales et canadiennes. Ainsi, une modification qui augmente les stocks d'ouverture diminue le résultat net et une modification qui augmente les stocks de clôture augmente le résultat net.

Effet sur le résultat net de GM
(en millions de dollars états-uniens)

Modification des stocks de clôture	2 077,1
Modification des stocks d'ouverture	(1 784,5)
Augmentation du résultat avant impôts	292,6
Augmentation des impôts (30%)	(87,8)
Augmentation du résultat net	204,8

Si l'on avait employé la méthode PEPS, le résultat net de GM aurait augmenté de 204,8 millions de dollars. Cette modification aurait causé une augmentation de la charge d'impôts. En effet, la règle de conformité empêche l'utilisation de la méthode DEPS à des fins fiscales si l'entreprise utilise une autre méthode pour dresser ses états financiers.

Résultat net indiqué	320,5
Augmentation	204,8
Résultat net selon PEPS	525,3

2. Si la méthode PEPS avait été utilisée pour l'évaluation, les stocks de clôture auraient été de 2 077,1 millions de dollars de plus. Cependant, la méthode DEPS a été utilisée et un montant de 2 077,1 millions de dollars a été constaté au coût des ventes durant les périodes précédentes et la période courante. Ainsi, la différence cumulée concernant le résultat avant impôts entre la méthode DEPS et la méthode PEPS est de 2 077,1 millions de dollars ou de 1 454 millions de dollars après impôts (2 077,1$ × 0,7). Par conséquent, les résultats non distribués selon la méthode PEPS auraient été de 16 794 millions de dollars (c'est-à-dire 15 340$ + 1 454$).

3. La réduction des impôts, selon la méthode DEPS (comparée à la méthode PEPS), est de 87,8 millions de dollars (calculée en 1). En fait, il s'agit d'un report d'impôts tant et aussi longtemps que le stock de base ne diminue pas.

CHAPITRE 8

Les immobilisations corporelles et incorporelles

Questions

1. Les immobilisations sont des éléments d'actifs corporels et incorporels qui appartiennent à l'entreprise. Celle-ci les utilise de façon durable dans le contexte de ses activités. Les immobilisations ne sont pas destinées à être vendues.

2. Taux de rotation des actifs immobilisés $= \dfrac{\text{Chiffre d'affaires net}}{\text{Actifs immobilisés moyens*}}$

   * (Actifs immobilisés à l'ouverture de la période + Actifs immobilisés à la clôture de la période) ÷ 2

   Pour le calcul de ce ratio, on utilise uniquement les immobilisations corporelles.

   Ce ratio mesure l'efficacité de l'entreprise à utiliser ses immobilisations corporelles. Un taux élevé indique normalement une gestion efficace. Un taux croissant indique une utilisation très efficace des actifs immobilisés.

3. Les immobilisations se répartissent en deux catégories: les immobilisations corporelles et les immobilisations incorporelles.

   Les immobilisations corporelles sont des actifs non monétaires qui ont une substance physique, c'est-à-dire qu'on peut les toucher. On distingue trois types d'immobilisations corporelles:

   1) Les terrains utilisés dans le cours des activités de l'entreprise et dont la durée d'utilité est illimitée ; ils ne sont donc pas sujets à l'amortissement.

   2) Les immeubles, le matériel, le mobilier et les aménagements utilisés dans le cours des activités de l'entreprise et dont la durée d'utilité est déterminée.

   3) Les ressources minérales, telles que les minerais, le pétrole et le gaz naturel.

   Les immobilisations incorporelles sont des actifs non monétaires qui n'ont pas de substance physique, mais qui confèrent des droits particuliers.

4. Les immobilisations corporelles doivent être comptabilisées au coût. Le coût correspond au montant de la contrepartie donnée pour acquérir, construire, développer ou mettre en valeur (améliorer) une immobilisation corporelle. Il englobe tous les frais engagés pour amener l'immobilisation corporelle à l'endroit et dans l'état où elle doit se trouver à des fins d'utilisation.

5. Chaque partie d'une immobilisation corporelle ayant un coût significatif par rapport au coût total doit être comptabilisée dans un compte distinct. Par exemple, une société peut séparer le coût du système de chauffage du coût de l'immeuble qu'elle achète. Ainsi, elle pourra mieux calculer la charge d'amortissement de chaque composant en fonction de leur durée d'utilité propre. Cette approche permet un meilleur rattachement des charges aux produits.

6. Au moment de l'achat d'une immobilisation, les coûts d'emprunt sont comptabilisés en charges à l'état du résultat global. En ce qui concerne la construction en interne, les coûts d'emprunt liés directement à la construction sont ajoutés au coût de l'immobilisation jusqu'à ce que l'actif soit presque prêt à être utilisé.

7. L'entreprise doit répartir le montant amortissable des immobilisations (autres que les terrains) sur les périodes au cours desquelles elle utilise ces immobilisations et en tire des avantages économiques. Ainsi, la charge d'amortissement est rattachée de façon systématique aux produits que rapporte l'utilisation de l'actif.

8. Les dépenses en capital sont des dépenses effectuées en vue d'accroître le potentiel de service d'une immobilisation. Elles procurent des avantages au cours d'un certain nombre de périodes. Par conséquent, ces dépenses sont capitalisées et inscrites à l'actif.

   Les dépenses d'exploitation sont des dépenses qui procurent des avantages uniquement durant la période en cours. Par conséquent, ces dépenses sont passées en charges durant la période au cours de laquelle elles sont engagées.

9. L'entreprise a le choix d'évaluer ses immobilisations selon deux modèles: celui du coût et celui de la réévaluation. Selon le modèle du coût, les immobilisations sont évaluées au coût, déterminé lors de l'acquisition, auquel s'ajoutent les dépenses en capital s'y rapportant au cours des périodes subséquentes. Selon le modèle de la réévaluation, les immobilisations sont évaluées à leur juste valeur. Une réévaluation peut être à la hausse ou à la baisse par rapport au coût. Le modèle de la réévaluation peut s'appliquer à une seule catégorie d'immobilisation. Dans ce cas, il s'applique à tous les actifs de cette catégorie.

10. 1) Le coût de l'actif, lequel correspond au coût d'acquisition plus les dépenses en capital s'y rapportant.

    2) La durée d'utilité, laquelle est le temps pendant lequel on prévoit que l'actif sera utile à l'entreprise.

    3) La valeur résiduelle, laquelle correspond à la valeur que prévoit récupérer l'entreprise à la fin de la durée d'utilité de l'actif.

    La durée d'utilité de même que la valeur résiduelle reposent sur des estimations. Par conséquent, la charge d'amortissement est aussi une estimation.

11. a) L'amortissement linéaire est une méthode qui consiste à répartir le montant amortissable d'une immobilisation en montants périodiques égaux tout au long de sa période d'utilisation. Cette méthode est pertinente lorsque le coût des services rendus par un actif est égal tout au long des années d'utilisation.

    b) La méthode de l'amortissement des unités de production consiste à répartir le montant amortissable d'une immobilisation en fonction de son utilisation. Cette méthode est utile lorsque le coût des services rendus par un actif dépend de son utilisation.

    c) La méthode de l'amortissement dégressif à taux constant est une méthode d'amortissement accéléré basée sur l'application d'un taux constant à la valeur comptable de l'immobilisation. Cette méthode est particulièrement appropriée lorsque les immobilisations sont plus efficaces et produisent plus de revenus durant les premières années de leur utilisation que par la suite.

12. La valeur comptable d'une immobilisation corporelle correspond à son coût diminué de l'amortissement cumulé et des pertes de valeur.

13. La dépréciation d'une immobilisation survient lorsque, à la suite de certains événements ou de circonstances, la valeur comptable d'une immobilisation est supérieure à sa valeur recouvrable. Le cas échéant, il faut comptabiliser une perte de valeur.

14. Les immobilisations incorporelles sont des actifs non monétaires qui n'ont pas de substance physique, mais qui confèrent des droits particuliers. Par exemple, les brevets, les droits d'auteur, les marques, les concessions et les licences sont des immobilisations incorporelles.

    Les immobilisations incorporelles s'amortissent normalement de la même façon que les immobilisations corporelles. En général, la méthode utilisée est celle de l'amortissement linéaire. Toutefois, certains actifs ont une durée d'utilité déterminée et d'autres ont une durée d'utilité indéterminée. Les immobilisations incorporelles dont la durée d'utilité est déterminée (par exemple, un brevet qui expire dans 15 ans) sont amorties sur leur durée d'utilité pour l'entreprise. Lorsque la durée d'utilité est indéterminée, l'immobilisation incorporelle ne doit pas être amortie. Par contre, les normes internationales exigent de réexaminer chaque année l'estimation de la durée d'utilité afin de s'assurer que les événements justifient toujours qu'elle soit jugée « indéterminée ».

15. L'amortissement est une charge sans effet sur la trésorerie parce qu'elle n'implique pas de sortie de fonds. Les flux de trésorerie sont touchés au moment de l'acquisition d'une immobilisation. Pour chaque période où l'on enregistre un amortissement, aucun paiement en argent n'est effectué ; il n'y a donc aucun effet sur la trésorerie. Il faut alors ajuster le résultat net dans le tableau des flux de trésorerie de façon à éliminer l'effet des charges qui n'entraînent aucune sortie de fonds.

Mini-exercices

M8-1 Le classement des immobilisations

Actif		Nature	Répartition des coûts
1.	Droits d'auteur	II	A
2.	Terrain détenu pour les activités ordinaires	T	AR
3.	Entrepôt	I	A
4.	Toit d'un immeuble	I	A
5.	Nouveau moteur pour une vieille machine	M	A
6.	Concession	II	A
7.	Terrain détenu en vue de la vente	AU	AR
8.	Camion de livraison	M	A
9.	Ordinateur	M	A
10.	Usine de production	I	A

M8-3 Le coût des immobilisations corporelles

Actif		=	Passif		+	Capitaux propres	
Trésorerie	−120 000		Emprunt hypothécaire	+360 000		Capital social	+120 000
Terrain	+200 000						
Immeuble – chauffage et climatisation	+75 000						
Immeuble	+175 000						
Matériel	+150 000						

M8-5 Les modèles d'évaluation des immobilisations

Coût du terrain	125 000 $
Juste valeur au 31 décembre 2012	130 000
Réévaluation	5 000 $

La société Champlain devra augmenter la valeur du terrain de 5 000 $ et comptabiliser un écart de réévaluation de 5 000 $. L'impact sur l'équation comptable sera le suivant :

Actif	=	Passif	+	Capitaux propres
Terrain + 5 000				Écart de réévaluation + 5 000

L'écart de réévaluation fait partie des autres éléments du résultat global.

M8-7 Le calcul de la valeur comptable (selon la méthode de l'amortissement dégressif à taux constant)

Matériel (coût)	21 500$
Amortissement cumulé à la fin de la première année	
Charge d'amortissement (21 500$ × 30% = 6 450$)	
Amortissement cumulé	6 450
Valeur comptable à la fin de la première année	15 050$
Matériel (coût)	21 500$
Amortissement cumulé à la fin de la deuxième année	
Charge d'amortissement (15 050$ × 30% = 4 515$)	
Amortissement cumulé (6 450$ + 4 515$)	10 965
Valeur comptable à la fin de la deuxième année	10 535$
Matériel (coût)	21 500$
Amortissement cumulé à la fin de la troisième année	
Charge d'amortissement (10 535$ × 30% = 3 160$)	
Amortissement cumulé (10 965$ + 3 160$)	14 125
Valeur comptable à la fin de la troisième année	7 375$

M8-9 La dépréciation des immobilisations

Élément	Perte de valeur	Montant
a) Machinerie	O	6 000$
b) Droits d'auteur	N	—
c) Usine	O	15 000
d) Immeuble	N	—

M8-11 L'acquisition d'immobilisations incorporelles

La direction de la Pâtisserie Bagel peut choisir d'accepter l'offre de 5 000 000$, puisque ce montant est plus élevé que la juste valeur des actifs et des passifs (4 600 000$ pour les actifs et passifs inscrits et 200 000$ pour le brevet). Dans ce cas, la société Brioche inscrira un goodwill de 200 000$ à la date de l'achat (l'excédent de 5 000 000$ sur la juste valeur des actifs et des passifs). Le goodwill de 200 000$ étant inférieur à la valeur estimée par la Pâtisserie Bagel, celle-ci peut aussi négocier un prix d'achat plus élevé.

Exercices

E8-1 L'établissement d'un état de la situation financière

Le Groupe Jean Coutu (PJC) inc.
État de la situation financière (partiel)
(en millions de dollars canadiens)

Actif

Courants

Clients	194,1
Stocks	163,8
Charges payées d'avance et autres	8,8
Actifs courants	366,7

Non courants

Constructions en cours	12,9
Terrains	3,7
Terrains destinés à la location	94,0
Équipement, net	14,6
Immeubles, nets	31,9
Améliorations locatives, nettes	9,6
Immeubles destinés à la location, nets	227,9
Placements	61,0
Goodwill	36,0
Autres éléments de l'actif non courant	126,6
Actifs non courants	618,2
Total de l'actif	984,9

E8-3 La comptabilisation d'un achat et l'amortissement des actifs (selon la méthode de l'amortissement linéaire)

1. Coût d'acquisition

Terrain (225 000 $ − 170 000 $ + 2 750 $)	57 750 $
Immeuble (170 000 $ − 31 000 $ − 24 000 $ + 8 500 $ + 23 000 $)	146 500
Système de chauffage	31 000
Ascenseur	24 000
Total	259 250 $

2.

Actif		=	Passif	+	Capitaux propres
Immeuble	+146 500				
Immeuble – ascenseur	+24 000				
Immeuble – chauffage	+31 000				
Terrain	+57 750				
Trésorerie	−259 250				

3.

Immeuble (+A)	146 500	
Immeuble – ascenseur (+A)	24 000	
Immeuble – chauffage (+A)	31 000	
Terrain (+A)	57 750	
Trésorerie (−A)		259 250

4. Charge d'amortissement annuelle :
Immeuble : (146 500 $ – 14 000 $) ÷ 25 = 5 300 $
Immeuble – ascenseur : 24 000 $ ÷ 6 = 4 000 $
Immeuble – chauffage : 31 000 $ ÷ 10 = 3 100 $

5.

Immeuble – chauffage	31 000 $
Amortissement cumulé (3 100 $ × 2)	(6 200)
Valeur comptable à la fin de la deuxième année	24 800 $

E8-5 La comptabilisation de l'amortissement et des coûts ultérieurs (selon la méthode de l'amortissement linéaire)

1. Charge d'amortissement de l'année 2012 :
(100 000 $ – 10 000 $) ÷ 15 ans = 6 000 $

2. Nombre d'années amorties : 66 000 $ ÷ 6 000 $ = 11 ans
Durée d'utilité restante : 15 ans – 11 ans = 4 ans

3. Frais engagés :
Entretien courant et réparations du matériel = Dépenses d'exploitation
Amélioration majeure du matériel = Dépenses en capital

4. Charge d'amortissement au 31 décembre 2013 :

Coût du matériel	100 000 $
Amortissement jusqu'à 2012	(66 000)
Valeur comptable avant les améliorations	34 000
Amélioration majeure capitalisée	12 000
Valeur comptable après les améliorations	46 000
Valeur résiduelle	(10 000)
Montant amortissable pour la durée d'utilité restante de 4 ans	36 000 $

Amortissement en 2013 : 36 000 $ ÷ 4 ans = 9 000 $

E8-7 Le modèle de la réévaluation

1. Lorsqu'une société utilise le modèle de la réévaluation pour évaluer ses immobilisations, elle comptabilise une perte si la juste valeur de ses immobilisations est inférieure à leur coût. À l'inverse, si la juste valeur de ses immobilisations est supérieure à leur coût, le profit est comptabilisé dans les autres éléments du résultat global, sans que cela ne modifie le résultat net de la société. Aussi la société enregistrera une perte pour le terrain 2 et un profit pour le terrain 1.

2.

Margot
État de la situation financière (partiel)
au 31 décembre 2013
(en dollars canadiens)

Immobilisations corporelles	
Terrain 1	350 000
Terrain 2	260 000
Terrain 3	275 000

Margot
État du résultat global (partiel)
au 31 décembre 2013
(en dollars canadiens)

Perte due à la réévaluation du terrain	(23 000)
Résultat net	(23 000)
Écart de réévaluation	25 000
Résultat global	2 000

E8-9 Le calcul de l'amortissement selon différentes méthodes

1. a) Méthode : amortissement linéaire

Période	Calculs	Charge d'amortissement	Amortissement cumulé	Valeur comptable
À l'acquisition				280 000 $
1	(280 000 – 30 000) ÷ 5	50 000	50 000	230 000
2	(280 000 – 30 000) ÷ 5	50 000	100 000	180 000
3	(280 000 – 30 000) ÷ 5	50 000	150 000	130 000
4	(280 000 – 30 000) ÷ 5	50 000	200 000	80 000
5	(280 000 – 30 000) ÷ 5	50 000	250 000	30 000

b) Méthode : amortissement des unités de production

Période	Calculs	Charge d'amortissement	Amortissement cumulé	Valeur comptable
À l'acquisition				280 000 $
1	73 000 × 1,00*	73 000	73 000	207 000
2	62 000 × 1,00	62 000	135 000	145 000
3	30 000 × 1,00	30 000	165 000	115 000
4	43 000 × 1,00	43 000	208 000	72 000
5	42 000 × 1,00	42 000	250 000	30 000

* (280 000 $ – 30 000 $) ÷ 250 000 unités = 1,00 $/unité

c) Méthode : amortissement dégressif au taux constant de 25 %

Période	Calculs	Charge d'amortissement	Amortissement cumulé	Valeur comptable
À l'acquisition				280 000 $
1	280 000 × 25 %	70 000	70 000	210 000
2	210 000 × 25 %	52 500	122 500	157 500
3	157 500 × 25 %	39 375	161 875	118 125
4	118 125 × 25 %	29 531	191 406	88 594
5	88 594 × 25 %	22 149	213 555	66 445

2. Si la machine est utilisée de façon égale durant sa durée d'utilité et que son efficacité (sa valeur économique d'utilisation) est censée décliner régulièrement chaque année, l'amortissement linéaire serait préférable. Si la machine est utilisée de façon constante, mais que son efficacité est censée décliner plus rapidement durant les premières années de son utilisation, alors une méthode accélérée serait plus appropriée (tel l'amortissement dégressif à taux constant). Si la machine a servi à la production des articles fabriqués, cela signifie qu'elle est utilisée de façon différente durant sa durée d'utilité et que son efficacité est censée décliner avec sa production ; alors la méthode de l'amortissement des unités de production serait préférable. En effet, il en résulterait un meilleur rattachement de la charge d'amortissement aux produits gagnés.

E8-11 Le choix des gestionnaires

À des fins de présentation de l'information financière, les gestionnaires doivent choisir une méthode d'amortissement qui procure le meilleur rattachement des charges aux produits, ce qui dépend du type d'actif et de l'utilisation qu'ils en font. De leur côté, les autorités fiscales déterminent des règles d'amortissement selon leur politique économique et les entrées de fonds nécessaires au fonctionnement du gouvernement.

Dans de telles circonstances, il est normal que les méthodes d'amortissement divergent entre la présentation financière et la déclaration de revenus.

E8-13 La dépréciation des immobilisations

1. Amortissement annuel:

Coût	85 000$
Valeur résiduelle	5 000
Montant amortissable	80 000$
Durée d'utilité	8 ans
Amortissement	10 000$

Valeur comptable au 1er juin 2012:

Coût	85 000$
Amortissement cumulé	20 000
	65 000$

2. Valeur comptable > Valeur recouvrable
    65 000$ 48 000$

Perte de valeur: 65 000$ – 48 000$ = 17 000$

La valeur recouvrable est le montant le plus élevé de la valeur d'utilité et de la juste valeur diminuée des coûts de la vente.

3.

Actif	=	Passif	+	Capitaux propres
Provision pour perte de valeur –17 000				Perte de valeur –17 000

E8-15 La sortie d'une immobilisation

1.

Hypothèse	Actif		=	Passif	+	Capitaux propres	
a)	Trésorerie	+5 000					
	Camion de livraison	−28 000					
	Amortissement cumulé	+23 000					
b)	Trésorerie	+5 600				Profit sur sortie	
	Camion de livraison	−28 000				d'immobilisations	+600
	Amortissement cumulé	+23 000					
c)	Trésorerie	+4 600				Perte sur sortie	
	Camion de livraison	−28 000				d'immobilisations	−400
	Amortissement cumulé	+23 000					

2. Explication du processus comptable lié à la sortie d'une immobilisation:

Le profit ou la perte survenant au moment de la sortie d'une immobilisation correspond à la différence entre le prix de vente et la valeur comptable de l'actif à la date de sa sortie.

Quand le prix de vente est identique à la valeur comptable de l'actif, il n'y a ni profit ni perte; quand le prix de vente est supérieur à la valeur comptable de l'actif, il y a un profit; et quand le prix de vente est inférieur à la valeur comptable de l'actif, il y a une perte.

La valeur comptable d'un actif évalué selon le modèle du coût ne correspond pas à sa juste valeur. Aussi, il est normal d'enregistrer un profit ou une perte au moment de la sortie des immobilisations corporelles.

E8-17 L'acquisition et l'amortissement des immobilisations incorporelles

1. Coût d'acquisition:

Brevet	7 650$
Licence	25 000
Droits d'auteur	25 000

2. Amortissement de la période 2013:
Charge d'amortissement du brevet: 7 650$ ÷ (20 ans – 5 ans = 15 ans) = 510$
Comme la licence a une durée d'utilité indéterminée (renouvelable tous les 10 ans), cet actif n'est pas amorti.
Charge d'amortissement des droits d'auteur: 25 000$ ÷ 25 ans = 1 000$

3.

Laviolette
État de la situation financière (partiel)
au 31 décembre 2013
(en dollars canadiens)

Immobilisations incorporelles	
Brevet, net	7 140
Licence	25 000
Droits d'auteur, nets	24 000
	56 140

Dans l'état du résultat global de 2013, une charge d'amortissement de 1 510$ serait présenté dans les charges opérationnelles.

E8-19 Le calcul et la comptabilisation de l'amortissement (selon la méthode de l'amortissement linéaire)

1.

Actif	=	Passif	+	Capitaux propres
Machine	+14 000			
Trésorerie	–14 000			

2. Écriture de journal:

Machine A (+A)	14 000	
Trésorerie (–A)		14 000

3. Âge de la machine au 31 décembre 2012:
(30 000$ – 4 500$) ÷ 5 ans = 5 100$ par année;
10 200$ ÷ 5 100$ = 2 ans
Donc, la machine est âgée de deux ans au 31 décembre 2012.

4. Charge d'amortissement :

Coût	30 000 $
Amortissement cumulé (deux ans)	(10 200)
Valeur comptable	19 800
Coût de remise en état	14 000
Total	33 800
Révision de la valeur résiduelle	(6 500)
Montant amortissable	27 300
Amortissement (27 300 $ ÷ [8 ans – 2 ans])	4 550 $

Écriture de journal :

Amortissement (+C, –CP)	4 550	
Amortissement cumulé – machine A (+XA, –A)		4 550

5. Question 1 : On suppose que le coût de la remise en état était une dépense en capital plutôt qu'une dépense d'exploitation. Parce que les dépenses en capital représentent des avantages économiques futurs, le coût de la remise en état est additionné à la valeur comptable de l'actif et est ensuite amorti sur la vie restante de l'actif.

Question 4 : Révision d'estimation (tant la durée d'utilité que la valeur résiduelle). Une révision d'estimation n'est pas une correction d'erreur. Par conséquent, elle est traitée de façon prospective, ce qui en répartit l'effet sur l'année courante et la vie restante de l'actif.

Problèmes

P8-1 La nature des immobilisations et l'effet de leur achat sur l'équation comptable

1. Les deux catégories d'immobilisations sont les immobilisations corporelles et les immobilisations incorporelles. Les immobilisations corporelles (par exemple, une usine, du matériel ou des ressources naturelles) sont des actifs non monétaires qui ont une substance physique. Les immobilisations incorporelles (comme un brevet) sont des actifs non monétaires qui confèrent des droits particuliers, mais qui n'ont aucune substance physique.

2.

Date	Actif		=	Passif		+	Capitaux propres	
2012-01-02	Machine*	+85 040		Effet à payer	+45 000		Capital social***	+7 000
	Trésorerie	–2 000		Fournisseurs**	+31 040			
2012-01-15	Trésorerie	–32 000		Fournisseurs	–31 040		Charge financière	–960

* Machine : Prix d'achat	84 000 $
Escompte de trésorerie[(1)]	(960)
Installation	2 000
Coût total	85 040 $

[(1)] Escompte de trésorerie : 32 000 $ × 3 % = 960 $
On doit inscrire les immobilisations au prix d'achat moins tout escompte de trésorerie.

** Solde à payer : Facture de 84 000 $ – Effet à payer de 45 000 $ – Capital social de 7 000 $ = 32 000 $ – Escompte de 960 $ = 31 040 $

*** Capital social : 3,50 $ par action × 2 000 actions

3. Le coût de la machine comprend les frais d'installation. Le transport n'est pas inclus, car le vendeur l'a payé. Comme la décision de bénéficier ou non de l'escompte est une décision administrative et non une décision liée à l'actif même, les immobilisations sont comptabilisées déduction faite de tout escompte de trésorerie à la date d'acquisition. Par la suite, aucun escompte n'a été réellement accordé, parce que l'entreprise Soulanges a dépassé le délai prévu pour le paiement.

P8-3 Les coûts ultérieurs

1.

	Immeuble	Ajouts	Amortissement cumulé	Charge d'amortissement	Frais d'entretien	Trésorerie
Solde au 1er janvier 2013	720 000		360 000			
Amortissement de 2013			36 000	36 000*		AE
Solde avant les opérations décrites	720 000		396 000	36 000		
Opération a)	AE	AE	AE	AE	+17 000	−17 000
Opération b)	+122 000	AE	AE	AE	AE	−122 000
Opération c)	AE	+230 000	AE	AE	AE	−230 000
Solde au 31 décembre 2013	842 000	230 000	396 000	36 000	17 000	

* Coût de 720 000 $ ÷ 20 ans = 36 000 $ par année. L'agrandissement et les améliorations seront amorties à compter de l'année 2014, c'est-à-dire à partir du moment où ils entreront en service.

2. Valeur comptable de l'immeuble au 31 décembre 2013 :

Immeuble (720 000 $ + 122 000 $)	842 000 $
Amortissement cumulé (360 000 $ + 36 000 $)	(396 000)
Valeur comptable	446 000 $

3. L'amortissement est une charge qui n'entraîne pas de décaissement. À l'inverse de la plupart des charges, il n'y a pas de versement d'argent lorsque la charge d'amortissement est comptabilisée. Le décaissement survient au moment de l'acquisition de l'actif. Pour les entreprises qui choisissent la méthode indirecte (réconciliant le résultat net avec les flux de trésorerie liés aux activités opérationnelles), la charge d'amortissement est additionnée au résultat net parce que la charge réduit le résultat net, alors qu'il n'y pas de sortie d'argent.

P8-5 Les modèles d'évaluation des immobilisations

1. a) Chaque année, le coût réévalué du terrain présenté à l'état de la situation financière augmentera.

État de la situation financière au 31 décembre 2011
Terrain : 350 000 $

État de la situation financière au 31 décembre 2012
Terrain : 425 000 $

État de la situation financière au 31 décembre 2013
Terrain : 510 000 $

b) La hausse de la juste valeur ne modifie pas le calcul du résultat net. Un écart de réévaluation sera présenté dans le calcul du résultat global et touchera uniquement les capitaux propres.

2.

Date	Actif	=	Passif	+	Capitaux propres	
2011	Terrain	+327 000			Écart de réévaluation	+327 000
2012	Terrain	+75 000			Écart de réévaluation	+75 000
2013	Terrain	+85 000			Écart de réévaluation	+85 000

P8-7 L'incidence de différentes méthodes d'amortissement

1. a) Méthode : amortissement linéaire

Période	Calculs	Charge d'amortissement	Amortissement cumulé	Valeur comptable
À l'acquisition				93 000
1	(93 000 – 2 000) ÷ 13	7 000	7 000	86 000
2	(93 000 – 2 000) ÷ 13	7 000	14 000	79 000

b) Méthode : amortissement des unités de production

Période	Calculs	Charge d'amortissement	Amortissement cumulé	Valeur comptable
À l'acquisition				93 000
1	20 000 × 0,50*	10 000	10 000	83 000
2	16 000 × 0,50	8 000	18 000	75 000

* (93 000 $ – 2 000 $) ÷ 182 000 = 0,50 $/unité

c) Méthode : amortissement dégressif au taux constant de 20 %

Période	Calculs	Charge d'amortissement	Amortissement cumulé	Valeur comptable
À l'acquisition				93 000
1	93 000 × 20 %	18 600	18 600	74 400
2	74 400 × 20 %	14 880	33 480	59 520

2. Les flux de trésorerie :

La charge d'amortissement calculée selon la méthode de l'amortissement dégressif est plus élevée ; ainsi, le résultat est plus bas durant les premières années. Plus tard, l'effet sera inversé. À des fins de présentation financière, le choix de cette méthode n'influe pas sur les flux de trésorerie. Les entreprises peuvent choisir différentes méthodes à des fins financières.

Le taux de rotation des actifs immobilisés :

La méthode de l'amortissement dégressif serait la plus favorable pour ce ratio. Parce que cette méthode d'amortissement donne la charge d'amortissement la plus élevée et les actifs immobilisés les plus faibles, le taux sera plus élevé durant les premières années. Plus tard, cet effet sera inversé.

Le résultat par action :

En ce qui concerne le résultat par action, la méthode de l'amortissement linéaire serait la plus favorable. Cette méthode donne la charge d'amortissement la plus faible, le résultat net le plus élevé, donc le résultat par action le plus élevé durant les premières années comparativement aux méthodes accélérées. Plus tard, cet effet sera inversé.

La recommandation à la direction de BCE inc. :

Les entreprises peuvent choisir parmi différentes méthodes d'amortissement à des fins de présentation financière, mais il en va autrement d'un point de vue fiscal. Il n'est pas possible pour une entreprise de réduire ses impôts à payer au moyen du choix des méthodes d'amortissement liées à ses immobilisations. Cependant, il en va autrement du résultat par action, lequel est directement influencé par les conventions et méthodes comptables adoptées par l'entreprise. À cet égard, l'utilisation de la méthode de l'amortissement linéaire pour la présentation financière produira un résultat par action plus élevé la première année (si l'on suppose qu'aucune autre méthode ne reflète mieux le concept du rattachement des charges aux produits). Avec le passage du temps (dans deux ans et plus), les avantages relatifs d'une méthode par rapport à une autre seront inversés. Toutefois, les méthodes comptables doivent être utilisées de façon constante. Un changement de méthode nécessitera de bonnes justifications.

P8-9 La sortie des immobilisations

1.

Date	Actif		=	Passif	+	Capitaux propres	
2013-01-01	Trésorerie	+9 200				Profit sur sortie d'immobilisations	+1 700
	Machine A	−21 000					
	Amortissement cumulé	+13 500					
2013-12-31	Amortissement cumulé	−3 700				Amortissement*	−3 700
	Trésorerie	+3 500				Perte sur sortie d'immobilisations	−200
	Effet à recevoir	+4 000					
	Machine B	−41 000					
	Amortissement cumulé	+33 300					
2013-01-10	Machine C	−73 000				Perte sur sortie d'immobilisations	−18 600
	Amortissement cumulé	+54 400					

* Charge d'amortissement en 2013 : (41 000 $ − 4 000 $) ÷ 10 ans = 3 700 $

2. Machine A – 1er janvier 2013

   a) Charge d'amortissement en 2013 : aucune

   b) Pour inscrire la sortie :

Trésorerie (+A)	9 200	
Amortissement cumulé – machine A (−XA, +A)	13 500	
Machine A (−A)		21 000
Profit sur sortie d'immobilisations (+Pr, +CP)		1 700

Machine B – 31 décembre 2013

   a) Pour inscrire la charge d'amortissement de janvier à décembre 2013 :

Amortissement (+C, −CP)	3 700	
Amortissement cumulé – machine B (+XA, −A)		3 700
(41 000 $ − 4 000 $) ÷ 10 ans = 3 700 $		

   b) Pour inscrire la sortie :

Trésorerie (+A)	3 500	
Effet à recevoir (+A)	4 000	
Amortissement cumulé – machine B (−XA, +A)	33 300	
Perte sur sortie d'immobilisations (+Pe, −CP)	200	
Machine B (−A)		41 000

Machine C – 10 janvier 2013

   a) Charge d'amortissement en 2013 : aucune

   b) Pour inscrire la sortie :

Amortissement cumulé – machine C (−XA, +A)	54 400	
Perte sur sortie d'immobilisations (+Pe, −CP)	18 600	
Machine C (−A)		73 000

P8-11 L'achat d'une entreprise

1. Montant du goodwill au 5 janvier 2013 :

Prix d'achat		450 000$
Juste valeur des actifs identifiables		
Clients (nets)	45 000	
Stocks	210 000	
Immobilisations	60 000	
Autres actifs	10 000	325 000
Goodwill		125 000$

2. Ajustements au 31 décembre 2013 :

a) Calcul de la charge d'amortissement, 60 000$ ÷ 15 ans = 4 000$

b) La durée d'utilité du goodwill est indéterminée. Celui-ci n'est donc pas amorti. La société devra toutefois procéder à un test de dépréciation.

P8-13 La révision des estimations

1. a)

Coût de la presse	400 000$
Valeur résiduelle	50 000
Montant amortissable	350 000
Charge d'amortissement enregistrée en 2013 (350 000$ ÷ 20 ans)	17 500$

b)

Coût de la presse	400 000$
Amortissement cumulé pendant 8 ans (17 500$ × 8 ans)	(140 000)
Valeur comptable au 31 décembre 2013	260 000$

2.

Coût de la presse	400 000$
Amortissement cumulé au 31 décembre 2013	140 000
Valeur comptable	260 000
Valeur résiduelle révisée	(73 000)
Montant amortissable	187 000
Amortissement de 2014 : 187 000$ ÷ (25 ans − 8 ans = 17 ans)	11 000$

3. Écriture de régularisation au 31 décembre 2014 :

R Amortissement (+C, −CP)	11 000	
D Amortissement cumulé − presse (+XA, −A)		11 000

CHAPITRE 9

Le passif

Questions

1. Le passif est une composante de l'état de la situation financière. Il décrit l'obligation actuelle de l'entité résultant d'événements passés et dont l'extinction devrait se traduire pour l'entité par une sortie de ressources représentatives d'avantages économiques. La plupart du temps, un passif comporte une date de paiement ou d'échéance. Le passif courant regroupe les obligations dont l'entité devra s'acquitter au cours de son cycle d'exploitation normal, qu'elle détient principalement à des fins de transaction ou qui doivent être réglées dans les 12 mois suivant la date de clôture. Le passif courant comprend aussi les obligations pour lesquelles il n'y a pas de droit inconditionnel de différer le règlement au moins 12 mois après la date de clôture. Il est présumé que les passifs courants seront payés à même les actifs courants. Le passif non courant comprend tous les éléments de passif qui ne sont pas classés comme des éléments de passif courant.

2. Les personnes extérieures à l'entreprise ont de la difficulté à déterminer son passif si elles ne disposent pas de l'état de la situation financière. Ainsi, pour ces personnes, les seules sources permettant de déterminer le nombre, le type et le montant des passifs d'une entreprise sont les états financiers publiés. Ces états ont plus de crédibilité lorsqu'ils sont vérifiés par un auditeur indépendant qualifié.

3. Le passif financier est une obligation contractuelle qui implique de céder à l'autre partie soit de la trésorerie, soit un autre actif financier. Il est comptabilisé à sa juste valeur. Pour les éléments courants, la valeur inscrite à la date de la transaction est très près de la juste valeur et, par conséquent, ne nécessite aucun ajustement. Dans cette catégorie se trouvent les fournisseurs, les emprunts courants, les charges courantes à payer et les effets à payer courants. Pour les éléments non courants, la juste valeur représente la valeur actualisée de tous les paiements futurs, c'est-à-dire le capital emprunté et les intérêts; les effets non courants et les dettes non courantes en sont des exemples.

   Le passif non financier est une obligation qui ne sera pas réglée à même les actifs financiers, mais plutôt par la prestation de services ou la remise d'un actif non financier; les impôts différés et les produits différés en sont des exemples.

4. La plupart des dettes sont d'un montant défini à une date précise dans l'avenir. Toutefois, dans certaines situations, il est certain qu'il existe une obligation actuelle ou un passif, mais le montant exact est inconnu. Ces passifs, dont l'existence est connue, mais dont le montant exact n'est pas encore connu, doivent être enregistrés dans les comptes et présentés aux états financiers au montant estimé. Par exemple, il peut s'agir des impôts estimés à payer ou encore des obligations découlant de garanties pour les marchandises vendues.

5. Pour calculer le fonds de roulement net, il faut prendre le total des éléments d'actif courant et soustraire le total des éléments de passif courant. Il reste le montant d'actif courant une fois tout le passif courant payé, si l'on suppose qu'il n'y a ni perte ni profit sur la liquidation de ces actifs.

6. Le ratio du fonds de roulement est un pourcentage qui s'obtient en divisant l'actif courant par le passif courant. Par exemple, supposons un actif courant de 200 000$ et un passif courant de 100 000$. Le ratio se calculerait ainsi: 200 000$ ÷ 100 000$ = 2,0. Cela signifie que, pour chaque dollar de passif courant, il y a 2$ d'actif courant. Le montant du passif courant influe sur le ratio du fonds de roulement. Ainsi, il est très important que les passifs soient considérés prudemment avant de déterminer s'ils sont courants ou non courants. En effet, le transfert d'un passif de l'une de ces catégories à l'autre peut influer sur le ratio de manière significative. Les créanciers utilisent ce ratio parce qu'il est un important indicateur de la possibilité d'acquitter des obligations courantes, d'où l'importance de la classification des passifs.

7. Le contrat de location-financement est un contrat qui transfère au preneur la quasi-totalité des risques et des avantages inhérents à la propriété; par conséquent, il faut inscrire un actif et un passif à l'état de la situation financière.

   Le contrat de location simple est un contrat qui ne transfère pas au preneur la quasi-totalité des risques et des avantages inhérents à la propriété; par conséquent, il ne nécessite pas l'enregistrement d'un actif et d'un passif.

8. Les charges courantes à payer sont une dépense qui a été engagée, mais qui n'a pas encore été payée ni enregistrée à la fin de la période. Ainsi, une charge est constatée lorsque les charges courantes à payer sont enregistrées. Un exemple typique de cela est la charge de salaires gagnés durant les derniers jours de la période, qui ne sont pas enregistrés car aucune paie n'a été préparée ou payée. Si l'on suppose que des salaires de 2 000$ sont engagés, l'incidence sur l'équation comptable de cette charge courante à payer serait la suivante à la fin de la période:

Équation comptable en fin de période:

Actif	=	**Passif**	+	**Capitaux propres**	
		Salaires à payer +2 000		Salaires	−2 000

Écriture de journal en fin de période:

Salaires (+C, –CP)	2 000	
Salaires à payer (+Pa)		2 000

9. Le produit différé est un produit qui a été encaissé et enregistré dans les comptes de l'entité avant d'être gagné. On considère ce produit comme un passif du fait que le montant est déjà encaissé et que les biens ou services n'ont pas encore été fournis. Il y a donc une obligation de fournir ces biens ou services à la partie ayant effectué le paiement à l'avance. Un exemple typique est l'encaissement d'un dépôt reçu d'un client pour une commande de marchandises le 15 décembre, alors que celles-ci n'ont pas encore été livrées le 31 décembre, date de fin de période. À la date de l'encaissement, voici l'incidence de cette opération sur l'équation comptable et l'écriture de journal nécessaire pour enregistrer ce dépôt de 4 000$:

Équation comptable:

Date	**Actif**	=	**Passif**	+	**Capitaux propres**	
12-15	Trésorerie +4 000				Produit de vente	+4 000

Écriture de journal au 15 décembre:

Trésorerie (+A)	4 000	
Produit de vente (+Pr, +CP)		4 000

La dernière journée de la période, on doit constater la vente comme un produit différé, et non comme un produit de vente. Voici l'incidence de cette opération sur l'équation comptable et l'écriture de régularisation à passer:

Équation comptable:

Date	**Actif**	=	**Passif**	+	**Capitaux propres**	
12-31			Produit différé +4 000		Produit de vente	−4 000

Écriture de régularisation au 31 décembre:

Produit de vente (–Pr, –CP)	4 000	
Produit différé (+Pa)		4 000

Le produit différé (crédit) est comptabilisé comme un passif à l'état de la situation financière. En effet, la marchandise sera livrée à la prochaine période, alors que le client l'a déjà payée à la période courante.

10. L'effet à payer (emprunt courant) est une promesse écrite de rembourser une certaine somme à une ou à plusieurs dates précises à l'avenir. La dette garantie est accompagnée d'un document dans lequel des actifs particuliers sont donnés en garantie afin d'assurer le paiement de l'effet. Lorsque ce dernier est non garanti, il n'offre aucun actif en garantie du paiement à l'échéance. Ainsi, une dette garantie comporte moins de risque pour le créancier.

11. La dette estimative représente une obligation actuelle dont le montant ou la date d'échéance est incertain et qu'il faut estimer en tenant compte de toutes les indications disponibles. Il en résulte qu'une charge et un passif sont enregistrés en fin de période. Il en est ainsi des garanties sur les produits vendus ; l'expérience passée démontre qu'une obligation actuelle existe et permet de l'estimer.

   Le passif éventuel est une obligation potentielle résultant d'événements passés et dont l'existence ne sera confirmée que par la survenance ou la non-survenance d'un ou de plusieurs événements futurs incertains qui échappent en partie au contrôle de l'entité. La sortie de ressources est plus probable qu'improbable, mais non estimable ou indéterminable. Le passif éventuel fait l'objet d'une note aux états financiers. Un exemple typique en serait une poursuite en justice pour dommages et intérêts dont le paiement est probable, mais le montant, indéterminable.

12. $4\,000\$ \times 12\% \times 9/12 = 360\$$

13. La valeur temporelle de l'argent est une autre façon de décrire les intérêts. Elle est basée sur le fait qu'un dollar reçu aujourd'hui vaut plus qu'un dollar reçu à une date ultérieure à cause des intérêts.

14. La valeur capitalisée (ou valeur future) correspond à la somme future que représente un montant investi lorsqu'on y additionne les intérêts composés (au taux i) qu'il rapportera durant une période déterminée (n).

   La valeur actualisée est la valeur présente ou actuelle d'un montant que l'on recevra ; ce montant futur est actualisé en en soustrayant les intérêts composés (au taux i) durant une période déterminée (n). C'est donc l'inverse de la valeur capitalisée. Pour calculer celle-ci, on additionne les intérêts composés, tandis que, pour déterminer la valeur actualisée, on les soustrait.

15. $8\,000\$ \times 0,3855^* = 3\,084\$$

   * Voir la table A.1 à la fin du manuel, $n = 10$, $i = 10\%$.

16. Un ensemble de versements périodiques (ou annuités) est une série d'encaissements ou de paiements périodiques de montants égaux au cours de deux périodes ou plus. Il peut s'agir d'une valeur actualisée (VA) ou d'une valeur capitalisée (VC).

17.

Valeur actualisée	Valeurs des tables		
	$n = 4$; $i = 5\%$	$n = 7$; $i = 10\%$	$n = 10$; $i = 14\%$
d'un versement unique de 1 $	0,8227	0,5132	0,2697
de versements périodiques de 1 $	3,5460	4,8684	5,2161

18. $(18\,000\$ - 3\,000\$) = 15\,000\$ \div 4,9173^* = 3\,050\$$

   * Voir la table A.2 à la fin du manuel, $n = 6$, $i = 6\%$ (2 fois par année).

19. Une obligation est un passif qui peut être garanti ou non par un actif. En général, les obligations se vendent par tranches de 1 000 $. De plus, elles sont transférables si elles sont endossées et on peut les acheter ou les vendre sur le marché à tout moment. Elles ont une valeur nominale (ou valeur de remboursement à l'échéance) et des coupons d'intérêts (montant des intérêts fixés) versés habituellement deux fois par an sur la valeur nominale. Les entreprises émettent généralement des obligations afin d'emprunter de l'argent pour financer l'acquisition d'actifs importants ou pour entreprendre des projets d'expansion.

20. Les obligations garanties comportent la mise en gage d'actifs particuliers en guise de garantie de remboursement à l'échéance, telles les hypothèques. Les obligations non garanties ne comportent pas d'hypothèque ni de mise en gage d'actifs en particulier en guise de garantie de remboursement à l'échéance.

Les obligations non garanties sont souvent appelées «débentures»; la réputation de la société et sa côte de crédit doivent être examinées afin d'en évaluer le risque.

21. Les obligations remboursables par anticipation peuvent être remboursées avant la date d'échéance au gré de la société émettrice.

    Les obligations convertibles peuvent être converties en d'autres titres de la société émettrice (généralement des actions ordinaires) à la discrétion de l'obligataire ou selon les clauses de l'acte de fiducie.

22. Pour une entreprise, l'émission d'obligations offre plusieurs avantages comparativement aux actions ordinaires. Tout d'abord, la propriété et le contrôle de l'entreprise restent entre les mains des actionnaires actuels. Les paiements en espèces aux créanciers obligataires se limitent aux versements des intérêts, déterminés à l'avance, et au remboursement du capital de la dette à son échéance. La charge d'intérêts est déductible d'impôts, ce qui réduit le coût des emprunts. Par exemple, une société qui a un taux d'imposition de 40% et des obligations au taux d'intérêt de 10% obtient une charge d'intérêts nette de 6% ($10\% \times [1 - 40\%]$).

23. Puisque la charge d'intérêts est déductible d'impôts, l'effet du paiement des intérêts sur le résultat net diminue lorsque le taux d'imposition augmente. Le coût net de l'emprunt s'en trouve ainsi réduit. Par exemple, une société qui a une dette portant un intérêt annuel de 10% a un taux net d'intérêt de 6% ($10\% \times [1 - 40\%]$) si son taux d'imposition est de 40%, comparativement à 8% ($10\% \times [1 - 20\%]$) pour une société dont le taux d'imposition est de 20%.

24. Au moment de l'émission, on enregistre le montant des obligations à leur valeur courante en actualisant le capital et les intérêts selon le taux effectif. La valeur courante reflète donc la valeur du marché au moment de l'émission. Par la suite, on doit amortir la prime ou l'escompte d'émission au moyen de la méthode de l'intérêt effectif, d'où l'expression «coût amorti». Il n'y a pas lieu d'ajuster par la suite la valeur d'une telle dette pour refléter la juste valeur, car l'entreprise n'a pas l'intention de la rembourser avant l'échéance. La valeur du marché n'a alors aucune incidence sur le montant à payer à l'échéance, soit la valeur nominale des obligations.

25. Pour la société émettrice, la prime est le montant excédentaire reçu par rapport à la valeur nominale. L'escompte est la différence entre le montant reçu et la valeur nominale de l'obligation quand cette dernière est plus élevée. Les obligations sont émises à prime lorsque le taux du marché est inférieur au taux des obligations. Inversement, les obligations sont émises à escompte lorsque le taux du marché est supérieur à celui des obligations. Les escomptes et les primes sur les obligations représentent des ajustements du taux d'intérêt des obligations par rapport au taux du marché. Ainsi, à chaque période, la prime ou l'escompte s'amortit sur la durée des obligations, selon la méthode de l'intérêt effectif, comme un redressement de la charge d'intérêts.

26. Le taux d'intérêt contractuel ou nominal (coupon) est celui qui est inscrit sur les obligations. Le taux d'intérêt effectif est le taux du marché courant des obligations.
    a) Lorsque l'obligation est vendue à sa valeur nominale, le taux d'intérêt effectif est égal au taux d'intérêt contractuel.
    b) Lorsque l'obligation est vendue à escompte, le taux d'intérêt effectif est supérieur au taux d'intérêt contractuel.
    c) Lorsque l'obligation est vendue à prime, le taux d'intérêt effectif est inférieur au taux d'intérêt contractuel.

27. La valeur aux livres (ou valeur comptable) d'une obligation est sa valeur nominale plus ou moins la prime ou l'escompte lié à sa valeur amortie.

28. La méthode de l'intérêt effectif amortit l'escompte ou la prime d'émission d'obligation sur la base du taux d'intérêt effectif au moment de l'émission; c'est la seule méthode autorisée par les normes IFRS. Selon cette méthode, la charge d'intérêts d'une période donnée correspond au taux effectif initial appliqué au solde de la dette obligataire en début de période.

Mini-exercices

M9-1 Le calcul de la charge d'intérêts

2013 : 600 000 $ × 0,11 × 1/12 = 5 500 $
2014 : 600 000 $ × 0,11 × 2/12 = 11 000 $

M9-3 La recherche d'information financière

1. Nulle part dans les états, mais calculé à partir des données de l'état de la situation financière.

2. État de la situation financière.

3. Notes complémentaires aux états financiers.

4. Nulle part dans les états, mais calculé à partir des données de l'état de la situation financière et de l'état du résultat global.

5. Tableau des flux de trésorerie.

M9-5 L'analyse de l'effet de certaines opérations sur les liquidités

Ratio du fonds de roulement	Fonds de roulement net
1. Augmente	Reste inchangé*
2. Diminue	Diminue
3. Diminue	Reste inchangé*
4. Diminue	Reste inchangé*

* Augmente le compte d'actif courant du même montant que le passif courant.

M9-7 Le calcul de la valeur actualisée d'un versement unique

500 000 $ × 0,4632 = 231 600 $ ($n = 10$, $i = 8\%$, table A.1)

M9-9 Le calcul de la valeur actualisée d'un contrat complexe

118 000 $	= 118 000 $	
+ 129 000 $ × 0,9524	= 122 860	($n = 1$, $i = 5\%$, table A.1)
+ 27 500 $ × 5,0757	= 139 582	($n = 6$, $i = 5\%$, table A.2)
Total	380 442 $	

M9-11 La recherche d'information financière

1. État de la situation financière.

2. État du résultat global.

3. Tableau des flux de trésorerie ou note aux états financiers.

4. Notes aux états financiers.

5. Nulle part dans les états.

6. Souvent dans les notes aux états financiers.

M9-13 Le calcul du prix d'émission des obligations

Valeur nominale	900 000 $ × 0,4350*	=	391 500 $
Intérêts	27 000 $ × 13,2944**	=	358 949
Prix d'émission			750 449 $

* *n* = 20, *i* = 4,25 % (intérêts semi-annuels) – Table A.1
** *n* = 20, *i* = 4,25 % (intérêts semi-annuels) – Table A.2

M9-15 Le calcul du prix d'émission des obligations

Valeur nominale	500 000 $ × 0,4564*	=	228 200 $
Intérêts	25 000 $ × 13,5903**	=	339 758
Prix d'émission			567 958 $

* *n* = 20, *i* = 4 % (intérêts semi-annuels) – Table A.1
** *n* = 20, *i* = 4 % (intérêts semi-annuels) – Table A.2

M9-17 La présentation des flux monétaires

a) Les activités de financement.

b) Les activités opérationnelles ou les activités de financement, selon le choix de l'entreprise (*voir le chapitre 12*).

Exercices

E9-1 Le calcul et l'explication du fonds de roulement net et du ratio du fonds de roulement

1. a)

Actif courant		168 000 $
Passif courant		
Comptes fournisseurs	56 000 $	
Impôts exigibles à payer	14 000	
Déductions à la source à payer	3 000	
Produits différés	7 000	
Salaires à payer	7 000	
Impôt foncier à payer	3 000	
Effet à payer (10 %, échéance dans 6 mois)	12 000	
Intérêts à payer	400	(102 400)
Fonds de roulement net		65 600 $

b) Ratio du fonds de roulement : (168 000 $ ÷ 102 400 $) = 1,64

Le fonds de roulement net est critique pour le fonctionnement efficace d'une entreprise. L'actif courant inclut la trésorerie et certains actifs qui seront encaissés d'ici un an ou au cours du cycle normal d'exploitation d'une société. Une entreprise n'ayant pas suffisamment de fonds de roulement net peut être incapable de payer ses créanciers courants en temps opportun.

Le ratio du fonds de roulement est une mesure de liquidité. Il aide les analystes à estimer la capacité de l'entreprise à respecter ses obligations courantes.

2. Non. Les passifs éventuels divulgués dans les notes aux états financiers ne sont pas comptabilisés comme un passif à l'état de la situation financière. Ainsi, ils sont exclus des calculs demandés.

E9-3 Le calcul des coûts de la masse salariale : une analyse des coûts de la main-d'œuvre

1. La charge additionnelle relative à la main-d'œuvre est de 5 750$, ce qui représente les cotisations totales que l'employeur doit payer (950$ + 2 000$ + 1 960$ + 840$). Les montants que paient les employés (15 000$ d'impôt sur le revenu, 800$ de cotisations syndicales, 2 000$ de cotisations au régime des rentes, 600$ de cotisations au régime d'assurance parentale et 1 400$ de cotisations à l'assurance-emploi) ne sont pas additionnés au coût de la main-d'œuvre de l'employeur. Le coût total de la main-d'œuvre pour la société est de 91 750$ (86 000$ + 5 750$). Le salaire net des employés est de 66 200$*, ce qui représente le salaire brut moins les déductions que paient les employés.

* 86 000$ – 15 000$ – 800$ – 2 000$ – 600$ – 1 400$ = 66 200$

2. Passif à l'état de la situation financière au 31 janvier 2014 :

Retenues d'impôt à la source à payer	15 000$
Cotisations syndicales à payer	800
Cotisations au régime des rentes à payer (2 000$ + 2 000$)	4 000
Cotisations à l'assurance-emploi à payer (1 400$ + 1 960$)	3 360
Cotisations au régime d'assurance parentale à payer (600$ + 840$)	1 440
Cotisations de l'employeur à divers fonds à payer	950
Total	25 550$

3. Les employeurs et les analystes financiers comprendraient qu'une augmentation de 10% des salaires est plus dispendieuse qu'une augmentation de 10% de la part de l'employeur au régime des rentes (ou à n'importe quels autres avantages sociaux). La raison est que plusieurs avantages sociaux sont basés sur un pourcentage du salaire. Le résultat d'une augmentation de 10% des salaires est une augmentation tant des salaires que des avantages sociaux.

E9-5 L'enregistrement d'un effet à payer, de la date d'emprunt à son échéance

1. Écriture de journal au 31 octobre 2013 :

Trésorerie (+A)	4 500 000	
Effet à payer (+Pa)		4 500 000
Emprunt sur 6 mois, effet à payer, 10%		

2. Écriture de journal au 31 décembre 2013 (à la clôture de la période) :

Charge d'intérêts (+C, –CP)	75 000	
Intérêts à payer (+Pa)		75 000
Écriture de régularisation pour 2 mois d'intérêts courus (4 500 000$ × 10% × 2/12 = 75 000$)		

3. Écriture de journal au 30 avril 2014 (date d'échéance) (on suppose qu'aucune écriture de réouverture n'a été faite au 1er janvier 2014) :

Effet à payer (–Pa)	4 500 000	
Intérêts à payer (–Pa)	75 000	
Charge d'intérêts (4 500 000$ × 10% × 4/12) (+C, –CP)	150 000	
Trésorerie (–A)		4 725 000
Remboursement de l'effet plus intérêts à l'échéance		

E9-7 La détermination de l'incidence de deux opérations et l'analyse des flux de trésorerie

1. Équation comptable :

Date	Actif		=	Passif		+	Capitaux propres
2014-01-10	Achats	+18 000		Fournisseurs	+18 000		
2014-03-01	Trésorerie	+45 000		Effet à payer	+45 000		

2. Le 1er septembre 2014, le montant versé est de 47 250$ (capital et intérêts de 5%).
45 000$ × 1,05 = 47 250$

3. L'opération du 10 janvier n'a aucun effet sur les flux de trésorerie parce qu'il n'y a eu ni encaissement ni décaissement. L'opération du 1er mars produit une augmentation des flux de trésorerie liés aux activités de financement. Le paiement du 31 août constitue un décaissement. Le remboursement de la valeur nominale (45 000$) est un décaissement des activités de financement et le paiement de la charge d'intérêts (2 250$) est une composante des flux de trésorerie liés soit aux activités opérationnelles soit aux activités de financement, selon le choix de l'entreprise (*voir le chapitre 12*).

4. Si l'on suppose que le ratio du fonds de roulement est supérieur à 1, les deux opérations feront diminuer le ratio. Cette réponse n'étant pas toujours évidente, elle peut être prouvée à l'aide de calculs hypothétiques.

E9-9 L'évaluation des options de location

L'enregistrement de la location à titre de passif (et, par le fait même, d'un actif immobilisé) dépend des faits et des circonstances qui entourent la transaction. Une location courante n'a pas à être inscrite comme un passif, mais une location à long terme doit l'être si la quasi-totalité des risques et avantages est transférée au preneur. À cet effet, il faut examiner les critères établis par les normes. Si l'on conclut qu'il y a transfert des risques et des avantages, il s'agit d'un contrat de location-financement et l'on doit comptabiliser un passif (et un actif) égal à la valeur actualisée des paiements de location futurs. Si la transaction est bien structurée, de sorte qu'il s'agit d'une location simple, aucun passif ne doit être inscrit, ce qui donne raison à l'assistant.

En classe, cette question sert à explorer les deux éléments suivants :

1) Les administrateurs devraient-ils structurer les transactions en fonction des besoins financiers de la société ou pour se conformer aux règles associées à un traitement comptable préférentiel ?

2) Les lecteurs d'états financiers réagissent-ils à la façon dont une transaction est présentée ou en fonction de la réalité économique que sous-tend la transaction ?

E9-11 L'analyse des impôts différés : une différence temporelle

1. Impôts différés :
2012 : 2 800$ × 30% = 840$ [création d'un passif (crédit)]*
2013 : 2 800$ × 30% = 840$ [renversement d'un passif (débit)]

* Ce montant est un passif d'impôts différés (crédit) parce que la charge est déduite dans la déclaration de revenus d'une année avant de l'être à l'état du résultat global de l'année subséquente. Ainsi, la déduction fiscale de 2012 signifie que des impôts différés sont à payer (en 2013) d'un point de vue comptable. Comme il s'agit d'un impôt différé courant, il est présenté au passif courant en tant qu'« impôt exigible ».

2.

	2012	2013
État du résultat global		
Charge d'impôts	4 500 $	5 400 $
	(15 000 $ × 30 %)	(18 000 $ × 30 %)
État de la situation financière		
Passif courant		
Impôts exigibles (différés)	840 $*	0
Impôts exigibles à payer	3 660 $	6 240 $

* Comme il s'agit d'une différence temporelle courante, ces deux éléments sont regroupés sous un seul poste à l'état de la situation financière.

3. La charge fiscale est basée sur le résultat présenté à l'état du résultat global. C'est un coût nécessaire associé au résultat; il doit être inscrit à la même période. Les impôts font partie du coût lié au fait d'être en affaires. Les comptables appliquent le concept de rattachement des charges aux produits, ce qui signifie que le montant de la charge d'impôts et le montant à payer d'une même année sont habituellement différents en raison des différences temporelles existant entre les traitements fiscal et comptable.

E9-13 Le calcul de la valeur actualisée pour quatre opérations

1. 50 000 $ × 0,7513 = 37 565 $ ($n = 3$, $i = 10\%$, table A.1)

2. 10 000 $ × 2,4869 = 24 869 $ ($n = 3$, $i = 10\%$, table A.2)

Il est préférable de faire des paiements périodiques de 10 000 $, car le coût global est moindre.

3. 40 000 $ × 0,5132 = 20 528 $ ($n = 7$, $i = 10\%$, table A.1)

4. 15 000 $ × 6,1446 = 92 169 $ ($n = 10$, $i = 10\%$, table A.2)

E9-15 Le calcul d'un régime de retraite

Valeur actualisée d'un montant futur: 700 000 $ × 0,6768 = 473 760 $
($n = 8$, $i = 5\%$, table A.1)

La cliente avait déjà 300 000 $ dans son compte. Elle doit donc déposer un montant additionnel de 173 760 $.

E9-17 La détermination de la valeur d'un actif

Valeur actuelle de versements périodiques: 55 000 $ × 6,8017 = 374 094 $ ($n = 9$, $i = 6\%$, table A.2)

E9-19 Le calcul de la croissance d'un compte d'épargne: un dépôt unique

1. 6 000 $ × 1,6289 = 9 773 $ ($n = 10$, $i = 5\%$, table A.3)

2. 9 773 $ – 6 000 $ = 3 773 $ (valeur temporelle de l'argent ou intérêts)

3. 2013: 6 000 $ × 5 % = 300 $ (intérêts)
2014: (6 000 $ + 300 $) × 5 % = 315 $ (intérêts)

E9-21 L'interprétation d'information rapportée dans les journaux

1. Si des obligations d'une valeur nominale de 10 000$ étaient achetées le jour où les informations ont été soutirées de *La Presse*, le prix serait de 11 479$, le produit d'intérêts serait de 700$ par année et le rendement combiné (coupon ajusté de la prime) serait de 5,59%.

2. La diminution de la valeur après l'émission n'aurait aucun effet sur les états financiers de Bell Canada, car les obligations sont comptabilisées au coût amorti dans les livres de la société en supposant qu'elle n'a pas l'intention de les rembourser avant l'échéance.

E9-23 Le calcul du prix d'émission d'obligations : trois cas

	(en dollars)	Émission
Cas A :		
100 000$ × 0,5835	58 350	
8 000$ × 5,2064	41 651	
Prix d'émission (le taux nominal et le taux du marché sont les mêmes) $n = 7, i = 8\%$	100 001	(à la valeur nominale ; le 1$ est une erreur d'arrondissement)
Cas B :		
100 000$ × 0,6651	66 510	
8 000$ × 5,5824	44 659	
Prix d'émission (le taux du marché est moins élevé que le taux nominal) $n = 7, i = 6\%$	111 169	(à prime)
Cas C :		
100 000$ × 0,5132	51 320	
8 000$ × 4,8684	38 947	
Prix d'émission (le taux du marché est plus élevé que le taux nominal) $n = 7, i = 10\%$	90 267	(à escompte)

E9-25 L'enregistrement d'une émission d'obligations à prime et le premier paiement des intérêts (amortissement selon la méthode de l'intérêt effectif)

Intérêts versés :

2 000 000$ × 10% × 1/2 =	100 000$

Valeur actualisée des obligations[*] :

2 000 000$ × 0,4350	=	870 000
100 000$ × 13,2944	=	1 329 440
Prix d'émission	=	2 199 440$

[*] $n = 20, i = 4,25\%$

1. Équation comptable au 1er janvier 2014 :

Actif		=	Passif		+	Capitaux propres	
Trésorerie	+2 199 440		Dette obligataire Prime d'émission	+2 000 000 +199 440			

Écriture de journal :

Trésorerie (+A)	2 199 440	
Prime d'émission (–XPa, +Pa)		199 440
Dette obligataire (+Pa)		2 000 000

2. Équation comptable au 30 juin 2014 :

Actif		=	Passif		+	Capitaux propres	
Trésorerie	–100 000		Prime d'émission	–6 524		Charge d'intérêts	–93 476*

* (2 199 440 $ × 4,25 %)

Écriture de journal :

Charge d'intérêts (+C, –CP)	93 476	
Prime d'émission (+XPa, –Pa)	6 524	
Trésorerie (–A)		100 000

3. États financiers au 30 juin 2014 (en dollars) :

État du résultat global

Charge d'intérêts (sur dette obligataire)	93 476

État de la situation financière

Passif non courant

Dette obligataire	2 000 000	
Prime non amortie (199 440 $ – 6 524 $)	192 916	2 192 916

E9-27 L'analyse des ratios financiers

Les ratios de l'Agence de voyage Aller-Aller semblent meilleurs que ceux de Voyage Sécur. Aller-Aller a un ratio des capitaux empruntés sur les capitaux propres plus bas que Voyage Sécur. Cela signifie qu'elle a moins de paiements de dette à effectuer à ses créanciers. De ce fait, l'Agence de voyage Aller-Aller est une société ayant un levier moindre et est donc moins risquée que Voyage Sécur. Le ratio de couverture des intérêts d'Aller-Aller est plus élevé que celui de Voyage Sécur. Donc, Aller-Aller est une société moins risquée que Voyage Sécur parce qu'elle génère un plus grand montant de résultats comparativement à ses obligations de paiement envers ses créanciers que ne le fait Voyage Sécur.

Problèmes

P9-1 La détermination des effets financiers des opérations relatives aux éléments de passif courant et l'analyse de leur incidence sur les flux de trésorerie

1.

Date	Actif		=	Passif		+	Capitaux propres	
2014-01-08	Achat	+14 860		Fournisseurs	+14 860		AE	
2014-01-17	Trésorerie	−14 860		Fournisseurs	−14 860		AE	
2014-04-01	Trésorerie	+35 000		Effet courant à payer	+35 000		AE	
2014-06-03	Achat	+17 420		Fournisseurs	+17 420		AE	
2014-07-05	Trésorerie	−17 420		Fournisseurs	−17 420		AE	
2014-08-01	Trésorerie	+6 000		Loyer différé*	+1 000		Produits de loyer	+5 000
2014-12-20	Trésorerie	+100		Dépôt en garantie	+100		AE	
2014-12-31		AE		Salaires à payer	+9 500		Salaires	−9 500
2014-12-31		AE		Intérêts à payer **	+2 100		Intérêts	−2 100

* 1 mois sur 6 = 1/6 × 6 000 $ = 1 000 $ de loyer différé
** 9 mois sur 12 = 9/12 × 35 000 $ × 8 % = 2 100 $

2.

Opération	Effet
2014-01-08	Aucun effet
2014-01-17	Diminuent
2014-04-01	Aucun effet sur les activités opérationnelles : il s'agit d'une activité de financement
2014-06-03	Aucun effet
2014-07-05	Diminuent
2014-08-01	Augmentent
2014-12-20	Augmentent
2014-12-31	Salaires : aucun effet
	Intérêts : aucun effet

3. Il faut supposer, au départ, que le ratio du fonds de roulement est supérieur à 1.

Opération	Effet
2014-01-08	Diminue
2014-01-17	Augmente
2014-04-01	Diminue
2014-06-03	Diminue
2014-07-05	Augmente
2014-08-01	Augmente
2014-12-20	Diminue
2014-12-31	Salaires : diminue
	Intérêts : diminue

P9-3 La détermination des effets des opérations donnant lieu à des charges courantes à payer et à des produits différés sur les états financiers

1.

Opération	Date	Actif	=	Passif	+	Capitaux propres	
a)	2014-12-31			Salaires à payer	+4 000	Salaires	−4 000
b)	2015-01-06	Trésorerie −4 000		Salaires à payer*	−4 000		
c)	2014-12-10	Trésorerie +2 400				Produits de loyer	+2 400
d)	2014-12-31			Loyer différé**	+800	Produits de loyer	−800

* Il faut supposer qu'aucune écriture de réouverture n'a été passée au 1er janvier 2015.

** 2 400 $ × 10/30 = 800 $ = loyer des 10 jours de janvier 2010

2. La comptabilité d'engagement fournit des renseignements plus pertinents aux analystes financiers. Selon cette méthode, on inscrit les produits lorsqu'ils sont gagnés et les charges lorsqu'elles sont engagées, peu importe le moment de l'encaissement ou du décaissement. Par contre, selon la méthode de la comptabilité de caisse, on n'inscrit les produits que lorsqu'ils sont encaissés et les charges lorsqu'elles sont payées. Puisque l'analyste financier doit considérer l'avenir de l'entreprise, il lui est utile de connaître la somme de la trésorerie qui sera recouvrée et celle que paiera l'entreprise plus tard. La comptabilité de caisse limite son examen à ce qui s'est produit aux périodes précédentes. Elle lui révèle très peu de choses sur les événements futurs concernant les flux de trésorerie qui influeront sur la santé financière de l'entreprise.

P9-5 La détermination des effets de différents éléments de passif sur les états financiers

1. Dell

Au 31 décembre 2014, une charge de garantie de 500 000 000 $ est comptabilisée. Simultanément, un passif du même montant est créé : il s'agit du poste Provision pour garantie, laquelle est une dette estimative.

Effet sur les opérations de 2015 : Pour inscrire les paiements en 2015, il faut réduire la trésorerie et le poste Provision pour garantie de 500 000 000 $.

2. Disney

Effets sur les opérations de 2014 : La trésorerie et les produits différés (passif) augmentent de 90 000 000 $.

Pour 2015 : On reconnaît des produits de 54 000 000 $ et on diminue le poste Produits différés (passif) du même montant.

3. Disney

Le ratio de fonds de roulement de la société Disney était de 0,94 pour la période choisie, ce qui est un ratio bas. Il pourrait être considéré comme une indication de difficulté (pour la période présentée), mais les analystes financiers cherchent toujours à obtenir plus d'information. Par exemple, la société Disney était capable de générer 6 milliards de dollars en trésorerie à partir de ses activités. Les analystes financiers comparent aussi le ratio de sociétés semblables. Par exemple, le ratio du fonds de roulement de plusieurs sociétés semblables est inférieur à 1. Ce bref exercice ouvre la discussion sur la nécessité de ne pas mettre trop l'accent sur un nombre ou un ratio précis.

4. Brunswick Corporation

La société devrait présenter aux états financiers la charge de litige et le passif s'y rattachant après le verdict du jury concernant les dommages-intérêts, à moins que la société ait déjà provisionné un compte à cet effet. Par ailleurs, si les avocats de la société Brunswick sont confiants que leur appel permettra de réduire le montant, il faut provisionner un compte pour ce nouveau montant. S'ils ne peuvent déterminer si un montant sera déboursé à la suite de leur appel ou si le montant est indéterminable, une note de passif éventuel doit être inscrite aux états financiers.

5. Domtar

Plusieurs sociétés manufacturières ont un impact négatif sur notre environnement. Dans plusieurs cas, les lois fédérales, provinciales et municipales les obligent à corriger la situation. Domtar inscrit le coût futur de ses correctifs environnementaux à la période où les dommages ont eu lieu plutôt qu'à celle où les correctifs sont apportés. Cette convention comptable coïncide avec le concept du rattachement des charges aux produits. Les dommages environnementaux peuvent être vus comme des coûts nécessaires à la production de papier. Le coût devrait donc s'apparier au coût du papier plutôt que d'être inscrit comme une charge à la période où le correctif est apporté.

P9-7 L'analyse et le reclassement d'une dette

Le classement du passif courant est basé sur l'espérance que la société paiera ses dettes l'année suivante. Les analystes s'intéressent à ce classement parce qu'il fournit de nombreux renseignements permettant de prédire les flux de trésorerie. Si la direction a l'intention et la possibilité de refinancer le passif courant, il n'y aura pas de décaissement. Dans ce cas, il est approprié de reclasser la dette comme non courante.

Le ratio de fonds de roulement de PepsiCo est très bas lorsqu'on le compare à ceux de la plupart des sociétés. Toutefois, la société n'éprouve pas de problème de trésorerie. Elle génère d'importants flux de trésorerie à partir de ses activités et possède une limite de crédit élevée si elle a besoin de fonds additionnels. De plus, l'industrie fonctionne traditionnellement avec un ratio relativement bas. Coca-Cola, par exemple, a un ratio de 0,80. Il est improbable que la direction ait procédé à ce reclassement simplement pour augmenter son ratio. La société essayait probablement d'obtenir un meilleur équilibre entre ses emprunts courants et ses emprunts non courants.

Du fait que la direction a la possibilité et l'intention de refinancer les emprunts sur une base non courante, le ratio devrait être basé sur ce reclassement. L'analyste pourrait utiliser le ratio avant reclassement s'il croit que celui-ci a pour seul objectif de manipuler le ratio (ce qui ne semble pas être le cas). Il devrait toutefois être prudent quand il compare le ratio de l'année courante (après reclassement) avec le ratio des années précédentes (avant reclassement).

P9-9 La prise de décision à l'aide du concept de valeur actualisée

		$i = 10\%$	$i = 8\%$	$i = 12\%$
Option 1				
1 250 000 $	×	6,1446	6,7101	5,6502
($n = 10$, table A.2)	=	7 680 750 $	8 387 625 $	7 062 750 $
Option 2				
10 000 000 $	=	10 000 000 $	10 000 000 $	10 000 000 $
Option 3				
2 000 000 $ + 1 000 000 $	×	6,1446	6,7101	5,6502
($n = 10$, table A.2)	=	8 144 600 $	8 710 100 $	7 650 200 $

L'option 2 est la meilleure quel que soit le taux d'intérêt (8 %, 10 % ou 12 %) parce qu'elle représente la meilleure valeur actualisée.

P9-11 L'analyse de l'utilité de la dette

1. Comparaison des résultats :

Élément		Résultats actuels pour 2014	Résultats selon la recommandation du consultant
a)	Dette totale	40 000 $	90 000 $
b)	Actif total	360 000	360 000
c)	Total des capitaux propres	320 000	270 000
d)	Charge d'intérêts (totale à 10 %)	4 000	9 000
e)	Résultat net	70 000	66 500
f)	Rendement sur l'actif total	20,2 %	20,2 %
g)	Résultats disponibles pour les actionnaires		
	1) Montant	70 000 $	66 500 $
	2) Par action	3,04	3,69
	3) Rendement sur les capitaux propres	21,88 %	24,6 %

a) Donné

b) Donné

c) Donné

d) 90 000 $ × 10 % = 9 000 $

e) (100 000 $ + 4 000 $ − 9 000 $) = 95 000 $ avant impôt
95 000 $ × (100 % − 30 %) = 66 500 $

f) 70 000 $ + [4 000 $ × (100 % − 30 %) = 2 800 $] = 72 800 $
72 800 $ ÷ 360 000 $ = 20,2 %
66 500 $ + [9 000 $ × (100 % − 30 %) = 6 300 $] = 72 800 $
72 800 $ ÷ 360 000 $ = 20,2 %

g) 1) Provient de l'élément e)

   2) 70 000 $ ÷ 23 000 actions = 3,04 $ RPA
    66 500 $ ÷ 18 000 actions = 3,69 $ RPA

   3) 70 000 $ ÷ 320 000 $ = 21,88 %
    66 500 $ ÷ 270 000 $ = 24,6 %

2. Les résultats recommandés rapportent un rendement plus élevé sur les capitaux propres (de 21,88 % à 24,6 %) à cause de l'effet de levier financier. La société a un taux d'intérêt net d'impôt de 7 % [10 % × (1 − 30 %)] sur sa dette ; ce taux est inférieur au rendement de l'actif total (20,2 %). Cette augmentation est favorable aux actionnaires, car le dividende potentiel par action (basé sur les résultats non distribués) et le résultat par action sont plus élevés. Le désavantage d'une dette plus élevée est le risque associé au paiement des intérêts et du capital. Cette société peut entrevoir un succès potentiel à l'avenir. Ainsi, un niveau de dette plus élevé semble recommandable.

P9-13 La comparaison de la valeur comptable et de la juste valeur

Les obligations sont inscrites au coût non amorti et ne sont pas ajustées aux changements de valeur du marché qui surviennent durant leur durée, car elles seront détenues jusqu'à l'échéance. Ainsi, les variations de la juste valeur n'ont pas d'incidence sur les décaissements (intérêts et remboursement de la valeur nominale à l'échéance). Si la direction n'avait pas l'intention de détenir ces obligations jusqu'à l'échéance, celles-ci devraient être présentées à leur juste valeur.

La valeur du marché d'une obligation change pour plusieurs raisons, la plus courante étant le changement du taux d'intérêt. Des obligations sont vendues et achetées chaque jour sur les marchés établis. Au moment de l'émission, la juste valeur des obligations est basée sur le taux d'intérêt du marché (taux effectif). Par exemple, une société pourrait émettre une obligation à 7% lorsque le taux d'intérêt du marché est de 6%. Cette obligation serait donc vendue à prime. Le détenteur de l'obligation pourrait la vendre dans quelques années lorsque le taux d'intérêt du marché aurait augmenté à 8%. À ce moment, l'obligation serait vendue à escompte.

La juste valeur d'une obligation change aussi selon l'évolution des risques caractéristiques de la société. Si les risques de faillite augmentaient, la valeur de l'obligation diminuerait.

P9-15 La comptabilisation d'une obligation émise à prime selon la méthode de l'intérêt effectif

1. Intérêts versés semi-annuellement :

700 000 $ × 8 % × 1/2 = 28 000 $

Valeur actualisée des obligations au moment de l'émission :

700 000 $ × 0,7441 = 520 870 $ ($n = 10$, $i = 3$ %, table A.1)
28 000 $ × 8,5302 = 238 846 ($n = 10$, $i = 3$ %, table A.2)
Prix d'émission 759 716 $

2. Montant de la charge d'intérêts en 2013 :

	30 juin	31 décembre
Charge d'intérêts	22 791 $*	22 635 $**
Amortissement de la prime	5 209***	5 365****

* 759 716 $ × 6 % × ½ = 22 791 $
** [759 716 $ − 5 209 $] × 6 % × ½ = 22 635 $
*** 28 000 $ − 22 791 $ = 5 209 $
**** 28 000 $ − 22 635 $ = 5 365 $

3. Montant du paiement des intérêts en 2013 :

Intérêts versés	28 000 $	28 000 $

4. Valeur aux livres des obligations en 2013 :

Dette obligataire (valeur aux livres)	754 507 $*	749 142 $**

* 759 716 $ − 5 209 $ = 754 507 $
** 754 507 $ − 5 365 $ = 749 142 $

CHAPITRE 10

Les capitaux propres

Questions

1. La société par actions est une forme d'entreprise que la loi reconnaît comme entité distincte. Au sens de la loi, la société par actions est considérée comme une « personne morale ». En tant qu'entité, elle jouit d'une existence continue séparée de ses propriétaires. Ces derniers sont des personnes ou d'autres sociétés qui détiennent des actions. Les principaux avantages de la société par actions sont :

   a) la transférabilité de la propriété des actions ;

   b) la responsabilité limitée des propriétaires (jusqu'à leur mise de fonds) ;

   c) la capacité d'accumuler d'importantes ressources financières.

2. La charte d'une société par actions, parfois appelée « statuts constitutifs », est un document légal qui autorise la création de la société en tant qu'entité légale distincte. Il faut en soumettre la demande auprès d'un agent officiel de l'État. La charte précise, entre autres, la dénomination sociale de la société, le secteur d'activité, les catégories et les montants des actions autorisées.

3. a) L'expression « actions autorisées » désigne le nombre maximal d'actions qu'une société peut émettre en vertu de sa charte dans chacune des catégories décrites. Au Canada, dans la plupart des cas, ce nombre est illimité.

   b) L'expression « actions émises » comprend les actions d'une société qui ont été émises à une date donnée. Il s'agit des actions en circulation et des actions propres détenues.

   c) Les « actions en circulation » désignent le nombre total d'actions que possèdent les actionnaires à une date particulière. Les actions propres détenues en sont exclues.

   d) Les « actions souscrites » désignent les actions que les investisseurs se sont engagés à acheter, mais qui n'ont pas été payées.

4. Les actions ordinaires sont les actions de base, avec droit de vote, émises par les sociétés de capitaux. Elles sont également appelées « intérêts résiduels » ou « participation résiduelle », puisque ces actions se classent après les actions préférentielles pour ce qui est du versement des dividendes et de la distribution des actifs au moment de la liquidation de la société. Pour les sociétés qui ont une charte québécoise, les actions ordinaires peuvent avoir une valeur nominale, bien que cette situation soit très rare. Pour les sociétés qui ont une charte fédérale canadienne, la valeur nominale est interdite. Par contre, aux États-Unis, cette situation est très fréquente, car la loi l'exige dans la majorité des États.

   Les actions préférentielles sont les actions qui confèrent des droits précis par rapport aux actions ordinaires ; ces droits peuvent être favorables ou non. Les actions préférentielles n'accordent habituellement pas de droit de vote. Elles offrent normalement un taux de dividende fixe, souvent cumulatif. Elles peuvent aussi être rachetables au gré du porteur ou de l'émetteur. En outre, si la société est liquidée, les détenteurs d'actions préférentielles ont priorité au moment de la distribution des actifs.

5. La valeur nominale est la valeur par action précisée dans la charte; elle sert de base pour déterminer le montant total du compte Actions dans la section du capital social. Cette valeur est arbitraire et n'a aucun lien avec la valeur des actions sur le marché, laquelle, dans la plupart des cas, est beaucoup plus élevée que la valeur nominale. Une émission à un montant supérieur à la valeur nominale amène la création du compte Prime d'émission. Les actions sans valeur nominale sont des actions dont la valeur nominale n'est pas précisée dans la charte de la société, ce qui évite de donner l'impression d'une valeur par action qui n'est pas actuelle. Ainsi, le montant de l'émission est porté en totalité au compte Actions (ordinaires ou préférentielles) dans la section du Capital social et aucune prime d'émission n'est créée.

6. Les caractéristiques habituelles des actions préférentielles sont:
   a) la priorité au moment de la déclaration de dividendes;
   b) le cumul de dividendes;
   c) le privilège de conversion en actions ordinaires;
   d) la priorité au moment de la distribution des actifs;
   e) le rachat au gré de l'émetteur ou du porteur;
   f) aucun droit de vote précisé.

7. Les deux principales sources de capitaux propres sont:
   1) Les comptes de capital social, soit le montant qu'investissent les actionnaires au moment de l'achat d'actions de la société émettrice. Ce montant comprend le montant reçu au moment de la vente des actions (ordinaires ou préférentielles) et, dans le cas où il y a une valeur nominale, le montant de la prime d'émission, habituellement classé dans les réserves. Il s'agit là de contributions directes des propriétaires.
   2) Les résultats non distribués, lesquels comprennent le montant cumulé du résultat net depuis la constitution de la société moins les pertes et les dividendes payés depuis cette constitution. Il s'agit là de contributions indirectes des propriétaires, car le montant représente les profits laissés dans l'entreprise pour son fonctionnement.

8. Le mot «source» signifie que plusieurs comptes sont maintenus pour indiquer les différentes sources composant les capitaux propres: les actions ordinaires, les actions préférentielles, la prime d'émission sur chacune des catégories d'actions, le cas échéant, les résultats non distribués, les résultats non distribués affectés et le cumul des autres éléments du résultat global.

9. Les actions rachetées par l'entreprise qui les a émises et qui ne sont pas annulées portent le nom d'«actions propres détenues». Les raisons qui peuvent amener une société à racheter ses propres actions sont multiples. En voici quelques exemples: a) diminuer l'emprise d'un actionnaire ou d'un groupe d'actionnaires; b) augmenter le résultat par action en réduisant le nombre d'actions en circulation; c) détenir suffisamment d'actions afin de respecter les engagements du plan d'options d'achat d'actions; d) acquérir les actions d'un actionnaire qui veut se retirer, surtout dans le cas de petites entreprises; et e) augmenter le cours des actions: si moins d'actions sont en circulation, le dividende par action peut augmenter. Lorsqu'il s'agit de conditions particulières stipulées dans la loi fédérale canadienne, l'entreprise peut conserver ses actions pendant une période maximale de 2 ans (30 jours selon la loi québécoise). On les présente en déduction des capitaux propres. Ces actions ne donnent aucun droit de vote et ne permettent pas d'obtenir de dividende.

10. Les deux exigences principales pour soutenir un dividende en espèces sont les suivantes: un solde suffisant de résultats non distribués et un montant suffisant de trésorerie en main (ou la possibilité d'obtenir les fonds nécessaires pour les payer). Un dividende ne peut être distribué s'il nuit à la viabilité financière de l'entreprise. Le versement d'un dividende en espèces a deux conséquences: il réduit l'actif (trésorerie) ainsi que les capitaux propres (résultats non distribués) du même montant.

11. Les actions préférentielles cumulatives comportent des droits prioritaires sur les dividendes. Ainsi, si une partie ou la totalité du dividende courant n'est pas entièrement versée, le montant impayé s'appelle «arriéré de dividende». Le montant d'un arriéré de dividende doit être versé avant qu'un dividende ne soit versé aux détenteurs d'actions ordinaires. Bien entendu, si les actions préférentielles ne sont pas cumulatives, les dividendes ne peuvent être arriérés. Par conséquent, les dividendes passés (autrement dit, les dividendes non déclarés) sont irrévocablement perdus pour les détenteurs d'actions préférentielles.

12. Les actions préférentielles et les instruments similaires font l'objet d'une évaluation visant à déterminer le classement. La distinction entre le passif et les capitaux propres dépend de la substance des arrangements contractuels et non de la forme juridique de l'instrument. En général, si l'obligation est conditionnelle à la survenance d'événements futurs incertains, un classement dans le passif est requis.

13. La prime d'émission est un compte de capitaux propres provenant d'opérations relatives au capital social. Chaque source de prime d'émission (actions ordinaires et actions préférentielles) doit faire l'objet d'un compte distinct. On augmente le compte Primes d'émission pour les actions émises avec valeur nominale et on le diminue au moment du rachat et de l'annulation d'actions propres détenues avec valeur nominale. Ces comptes ne peuvent être réduits que par des opérations semblables.

14. Un dividende en actions consiste en une distribution d'actions supplémentaires à partir du capital social d'une société (plutôt qu'en espèces). Le dividende en actions est une distribution d'actions effectuée sans frais par une société à ses actionnaires au prorata de leur participation. Il ne comporte ni distribution d'actifs ni diminution du total des capitaux propres, contrairement au dividende en espèces, lequel réduit la trésorerie et les capitaux propres de l'entreprise. Au moment du versement d'un dividende en action, on augmente le compte du capital social approprié et on diminue les résultats non distribués.

15. La principale raison qui amène la distribution d'un dividende en actions est le maintien d'une politique de dividende constante quand les liquidités de l'entreprise ne le permettent pas. Une autre raison est la «capitalisation» des résultats non distribués, car un dividende en actions augmente le compte des actions et diminue les résultats non distribués. Bien que le total des capitaux propres ne soit pas modifié, il y a un transfert qui s'effectue des résultats non distribués au compte d'actions.

16. Les trois principales dates qui concernent les dividendes sont les suivantes :
    1) La date de déclaration est la date à laquelle le conseil d'administration approuve officiellement la distribution d'un dividende. S'il s'agit d'un dividende en espèces, un dividende à payer est créé (passif) aussitôt que la déclaration est effectuée et les résultats non distribués sont diminués. S'il s'agit d'un dividende en actions, aucun poste de passif n'est affecté.
    2) La date d'inscription est la date de clôture du registre des actionnaires ; elle suit la date de déclaration, normalement en deçà d'un mois. Il s'agit de la date à laquelle la société dresse la liste des actionnaires qui recevront le dividende. Aucune entrée comptable n'est faite à cette date.
    3) La date de paiement est la date à laquelle une société fait un décaissement pour payer le dividende en espèces à ses actionnaires. Elle suit la date d'inscription aux registres des actionnaires précisée à la date de déclaration du dividende. On réduit alors les comptes Trésorerie et Dividende à payer (passif).

17. Les résultats non distribués représentent les résultats nets accumulés et les dividendes versés depuis la première journée d'activité de l'entreprise. On y trouve les éléments suivants : le solde du compte à l'ouverture de la période, les ajustements ou retraitements rétrospectifs provenant de la correction d'erreurs ou de changement de méthodes comptables, le résultat net de la période courante, le dividende et le solde à la clôture de la période.

18. L'expression «résultats non distribués affectés» signifie que l'on peut imposer des restrictions sur les résultats non distribués afin de limiter la capacité d'une entreprise à distribuer des dividendes à ses propriétaires. Ces restrictions peuvent être volontaires ou non et peuvent faire l'objet d'un poste particulier des capitaux propres ou d'une divulgation par voie de note aux états financiers.

    Les réserves représentent les sommes amassées par l'entreprise au fil du temps. Elles se composent essentiellement des quatre éléments suivants : la prime d'émission (parfois classée avant les réserves), les résultats non distribués, les résultats non distribués affectés et le cumul des autres éléments du résultat global. L'état de la variation des capitaux propres présente les éléments qui ont fait varier les réserves durant la période.

Mini-exercices

M10-1 L'évaluation des droits des actionnaires

Les droits des actionnaires ordinaires sont les suivants :

1) Voter, lors des assemblées des actionnaires (ou par procuration), les principaux enjeux liés à la direction de la société. Par exemple, il peut s'agir d'élire les membres du conseil d'administration qui dirigent la société, de nommer les auditeurs externes et d'approuver les états financiers ainsi que les projets d'acquisition et de vente d'entreprises.

2) Partager la distribution des résultats de la société proportionnellement avec les autres détenteurs d'actions ordinaires.

3) Partager la distribution des actifs de la société au moment de sa liquidation proportionnellement avec les autres détenteurs d'actions ordinaires.

Le droit de vote est le droit le plus important. Les propriétaires prennent les décisions lors de l'assemblée annuelle des actionnaires et exercent un certain contrôle sur le conseil d'administration de la société afin de protéger leurs droits en tant qu'actionnaires.

M10-3 La comptabilisation de la vente d'actions ordinaires

Équation comptable : valeur nominale = 1 $

Actif	=	Passif	+	Capitaux propres	
Trésorerie (170 000 × 21 $) +3 570 000				Actions ordinaires	+170 000
				Prime d'émission*	+3 400 000

* Prime sur émission – actions ordinaires (170 000 actions × 20 $).

L'enregistrement serait différent si la valeur nominale était de 2 $ l'action.

Équation comptable : valeur nominale = 2 $

Actif	=	Passif	+	Capitaux propres	
Trésorerie (170 000 × 21 $) +3 570 000				Actions ordinaires	+340 000
				Prime d'émission	+3 230 000

Équation comptable : actions sans valeur nominale

Actif	=	Passif	+	Capitaux propres	
Trésorerie (170 000 × 21 $) +3 570 000				Actions ordinaires	+3 570 000

M10-5 La détermination des effets des opérations relatives aux actions propres détenues

	Actif	Passif	Capitaux propres	Résultat net
Achat de 20 000 actions propres détenues	Diminution de 900 000 $	Aucune incidence	Diminution de 900 000 $	Aucune incidence
Vente de 5 000 actions propres détenues	Augmentation de 250 000 $	Aucune incidence	Augmentation de 250 000 $	Aucune incidence
Vente de 10 000 actions propres détenues	Augmentation de 370 000 $	Aucune incidence	Augmentation de 370 000 $	Aucune incidence

M10-7 La comptabilisation des dividendes

Équation comptable :

Date	Actif	=	Passif	+	Capitaux propres
2014-04-15			Dividende à payer +65 000		Résultats non distribués −65 000
2014-05-20	Aucune incidence				
2014-06-14	Trésorerie −65 000		Dividende à payer −65 000		

Écritures de journal :

2014-04-15 :

Résultats non distribués (−CP)	65 000	
Dividende à payer (+Pa)		65 000

2014-05-20 : aucune écriture

2014-06-14 :

Dividende à payer (−Pa)	65 000	
Trésorerie (−A)		65 000

M10-9 La détermination de l'incidence d'un dividende en actions et d'un fractionnement d'actions

Dividende en actions	Fractionnement des actions
1. Aucune variation de l'actif	Aucune variation de l'actif
2. Aucune variation du passif	Aucune variation du passif
3. Augmentation du compte d'actions	Aucune variation du capital social, mais augmentation du nombre d'actions ordinaires en circulation
4. Aucune variation du total des capitaux propres, mais diminution des résultats non distribués et augmentation du compte d'actions du même montant	Aucune variation du total des capitaux propres
5. Diminution de la valeur de l'action ordinaire sur le marché	Diminution de la valeur de l'action ordinaire sur le marché

Exercices

E10-1 Le calcul des actions en circulation

Actions propres détenues :

Solde à l'ouverture de la période	200 000 000
Rachat d'actions durant la période	77 000 000
Solde à la clôture de la période	277 000 000

Actions en circulation :

Solde à l'ouverture de la période	2 385 000 000
Émission durant la période	16 000 000
Actions propres détenues	(277 000 000)
Solde à la clôture de la période	2 124 000 000

E10-3 La détermination des effets de l'émission d'actions ordinaires et préférentielles

1.

Louise
État de la situation financière (partiel)
au 31 décembre 2014
(en dollars canadiens)

Capitaux propres :

Capital social :

Actions préférentielles, 9 %, valeur nominale de 8 $, autorisées en nombre illimité, 3 000 actions émises	24 000
Actions ordinaires, sans valeur nominale, autorisées en nombre illimité, 20 000 actions émises	320 000

Réserves :

Prime d'émission – actions préférentielles	36 000*
Résultats non distribués	40 000
Total des capitaux propres	420 000

* 3 000 actions × (20 $ – 8 $) = 36 000 $

2. La réponse dépend de la rentabilité de la société Louise et de la stabilité de ses résultats. Les actions préférentielles ont un taux de dividende cumulatif de 9 %. Si la société Louise réalise un résultat net supérieur au montant du dividende des actions préférentielles, le résultat additionnel fera augmenter les résultats non distribués qui reviennent aux actionnaires ordinaires. Toutefois, si la société Louise réalise un résultat inférieur au montant des dividendes destinés aux actionnaires préférentiels, elle ne pourra payer de dividendes à ses actionnaires ordinaires.

E10-5 L'inscription des capitaux propres et la détermination de la politique de la société en matière de dividendes

1. Équation comptable :

Opération	Actif	=	Passif	+	Capitaux propres	
a)	Trésorerie (5 600 actions × 20 $)	+112 000			Actions ordinaires	+112 000
b)	Trésorerie (1 000 actions × 25 $)	+25 000			Actions ordinaires	+25 000

Écritures de journal :

a) Trésorerie (+A)   112 000

    Actions ordinaires (+CP)   112 000

  Émission d'actions ordinaires

b) Trésorerie (+A)   25 000

    Actions ordinaires (+CP)   25 000

  Émission d'actions ordinaires

2. Extrait de l'état de la situation financière à la clôture de la période :

Capitaux propres

Capital social :

Actions ordinaires, autorisées en nombre illimité, sans valeur nominale ; en circulation, 6 600 actions	137 000 $

Réserves :

Résultats non distribués (déficit)	(6 000)
Total des capitaux propres	131 000 $

3. La société Samson a un déficit dans son compte des résultats non distribués, ce qui l'empêche de verser des dividendes. Ceux-ci constituent une répartition des résultats aux actionnaires. Vu le résultat net négatif, aucun dividende ne devrait être versé.

E10-7 La présentation des capitaux propres

1. Équation comptable:

Opération	Actif	=	Passif	+	Capitaux propres	
a)	Trésorerie (50 000 actions × 50$) +2 500 000				Actions ordinaires	+2 500 000
b)	Trésorerie (1 000 actions × 52$) −52 000				Actions ordinaires	−50 000
					Résultats non distribués	−2 000

Écritures de journal:

a) Trésorerie (+A)   2 500 000

     Actions ordinaires (+CP)   2 500 000

     Émission d'actions ordinaires

b) Actions ordinaires (−CP)   50 000

    Résultats non distribués (−CP)   2 000

     Trésorerie (−A)   52 000

     Rachat à perte d'actions ordinaires et annulation

2. Extrait de l'état de la situation financière à la clôture de la période:

Capitaux propres

Actions ordinaires, autorisées en nombre illimité, sans valeur nominale, 49 000 actions émises	2 450 000$
Résultats non distribués	748 000
Total des capitaux propres	**3 198 000$**

E10-9 La détermination des effets des opérations portant sur les capitaux propres

Cartier inc.
État de la situation financière (partiel)
au 31 décembre 2012
(en dollars)

Capitaux propres

Capital social:

Actions préférentielles en nombre illimité, 8 % cumulatif, valeur nominale de 50$, 20 000 actions émises	1 000 000
Actions ordinaires en nombre illimité, sans valeur nominale, 78 000 actions émises	1 560 000
Réserves:	
Prime d'émission – actions préférentielles*	600 000
Résultats non distribués**	60 000
Sous-total	3 220 000
Actions propres détenues	(80 000)
Total des capitaux propres	**3 140 000**

* 20 000 actions × (80$ − 50$) = 600 000$
** 90 000$ − 30 000$ = 60 000$

E10-11 La recherche des montants manquants dans la section des capitaux propres

1. Le nombre d'actions préférentielles émises est de 5 000 actions (100 000 $ ÷ 20 $).

2. Le nombre d'actions préférentielles en circulation totalise 4 500 actions (5 000 actions – 500 actions propres détenues).

3. Le prix de vente moyen de l'action préférentielle à l'émission était de 23 $ [(100 000 $ + 15 000 $) ÷ 5 000 actions].

4. Les opérations portant sur les actions rachetées ont fait diminuer les actifs de l'entreprise de 8 000 $.

5. Les opérations portant sur les actions rachetées ont fait diminuer les capitaux propres de 8 000 $ [même diminution que les actifs en 4) ci-dessus].

6. Les actions préférentielles ont été rachetées au prix de 16 $ l'action (8 000 $ ÷ 500 actions).

7. Le total des capitaux propres est de 741 000 $ (100 000 $ + 600 000 $ + 15 000 $ + 34 000 $ – 8 000 $).

8. Le prix moyen d'émission d'une action ordinaire est de 75 $ (600 000 $ ÷ 8 000 actions).

E10-13 L'analyse du rachat d'actions

1. Les actions rachetées deviennent des actions propres détenues et font diminuer le total des capitaux propres. La trésorerie est diminuée du même montant à l'état de la situation financière.

2. À cause d'un excédent de liquidités et d'un prix du marché avantageux. Le conseil de la société états-unienne Phelps Dodge peut aussi avoir décidé de racheter ses propres actions afin d'instaurer un programme de primes de rémunération. La société mentionne aussi son désir d'accroître la valeur des actions. Si elle maintient le niveau de résultat, le résultat par action augmentera en raison d'un nombre inférieur d'actions en circulation. La société s'attend à une augmentation du cours de l'action à la suite de l'augmentation du résultat par action.

3. Les actions rachetées deviennent des actions propres détenues et aucun dividende n'est versé sur ce type d'actions. Le rachat fera diminuer le paiement de dividendes de Dodge Phelps pour les années à venir si les actions ne sont pas remises en circulation et si le montant de dividende par action est maintenu.

E10-15 L'analyse de l'incidence de la politique d'une société en matière de dividendes

1.

Cas 1 : Lorsque les entreprises annoncent une augmentation du dividende en espèces qui n'était pas prévue, le prix de l'action augmentera vraisemblablement. La croissance du dividende a un effet sur les flux de trésorerie futurs qui reviennent aux actionnaires; ils augmenteront. Le prix de l'action étant basé sur la valeur présente des flux de trésorerie futurs (entre autres), il augmentera aussi.

Cas 2 : Le prix de l'action est fondé sur des attentes. Si le résultat net augmente et que cette augmentation n'était pas prévue, le prix de l'action devrait augmenter (toutes choses étant égales par ailleurs). Il n'est pas nécessaire d'augmenter les dividendes pour favoriser l'augmentation du prix de l'action. Beaucoup d'autres facteurs entrent en ligne de compte pour provoquer une augmentation du prix de l'action.

Cas 3 : Un dividende en actions n'entraîne pas une augmentation de la valeur économique, mais il est souvent associé à une augmentation des dividendes futurs en espèces, toutes autres choses étant égales. Le résultat immédiat d'un dividende en actions n'est pas une augmentation directe du prix de l'action, mais il est associé aux facteurs favorables à l'augmentation du prix de l'action.

2. Le prix de l'action réagit aux événements économiques et non au changement de méthodes comptables. Plusieurs croient que les marchés sont efficaces (théorie de l'efficience des marchés) à reconnaître la différence entre les résultats réalisés grâce aux opérations normales et les résultats réalisés grâce à l'utilisation d'une méthode comptable plus agressives. D'autres croient que les marchés sont imparfaits, ce qui peut influer temporairement sur le cours de l'action.

E10-17 L'incidence des dividendes

Poste	Effet d'un dividende en espèces (actions préférentielles)	Effet d'un dividende en actions (actions ordinaires)
Actif	Aucun changement à la date de déclaration Diminution de la trésorerie de 16 000 $* à la date de paiement du dividende	Aucun changement, car aucun actif n'est distribué.
Passif	Augmentation du dividende à payer de 16 000 $ à la date de la déclaration Diminution du même compte de 16 000 $ à la date du paiement	Aucun changement – aucun enregistrement à la date de déclaration, car aucun passif n'a été créé (aucun actif n'est distribué).
Capitaux propres	Diminution des résultats non distribués de 16 000 $ à la date de la déclaration	Aucun changement dans le total des capitaux propres Diminution des résultats non distribués et augmentation des actions ordinaires du même montant (96 000 $)**

* 8 000 $ × 2 $ = 16 000 $
** 30 000 actions × 10 % = 3 000 actions ; 3 000 actions × 32 $ = 96 000 $

E10-19 L'évaluation du taux de rendement par action

1. Cinergy est une entreprise de services publics bien établie. Elle n'a qu'un faible potentiel de croissance, mais son chiffre d'affaires est stable. Par conséquent, le taux de rendement par action est potentiellement élevé. La société Starbucks est relativement jeune et présente des possibilités de forte croissance. Puisque Starbucks conserve ses résultats pour sa croissance en ne versant pas de dividendes, elle obtient un taux de rendement par action de 0,0 %.

2. Les deux sociétés attireront des investisseurs de deux types. Cinergy attirera ceux qui désirent obtenir un revenu régulier, par exemple les rentiers. Starbucks attirera plutôt des investisseurs qui désirent une appréciation du prix du marché de l'action, par exemple ceux qui planifient de prendre leur retraite dans 25 ans.

E10-21 La comptabilisation des dividendes

Équation comptable :

Date	Actif		=	Passif		+	Capitaux propres	
2011-02-10				Dividende à payer	+39 400 000		Résultats non distribués	−39 400 000
2011-03-15	Aucune incidence							
2011-04-15	Trésorerie	−39 400 000		Dividende à payer	−39 400 000*			

* 80 000 000 actions × 0,4925 $ = 39 400 000 $

Écritures de journal:

Date de déclaration: 10 février

Résultats non distribués (–CP)	39 400 000	
Dividende à payer (+Pa)		39 400 000

Date du paiement: 15 avril

Dividende à payer (–Pa)	39 400 000	
Trésorerie (–A)		39 400 000

E10-23 La comparaison d'un dividende en actions et du fractionnement d'actions

Résultats comparatifs:

Élément	Avant le dividende et le fractionnement	Après le dividende en actions	Après le fractionnement
Actions ordinaires	640 000$	896 000$	640 000$
Valeur nominale par action	8$	8$	4,80$
Actions en circulation	80 000	112 000	133 333
Prime d'émission	280 000$	504 000$	280 000$
Résultats non distribués	1 300 000$	820 000$	1 300 000$
Total des capitaux propres	2 220 000$	2 220 000$	2 220 000$

Dividende en actions:

32 000* actions × 8$ (VN) = 256 000$	+ Actions ordinaires	
× 7$ = 224 000	+ Primes d'émission – actions ordinaires	
480 000$	= Résultat non distribué	

* 80 000 actions × 40%

Fractionnement d'actions:
80 000 actions × 1,66667 = 133 333 actions
VN: 640 000$ ÷ 133 333 actions = 4,80$

Commentaire:
Le dividende en actions et le fractionnement d'actions n'ont pas modifié le total des capitaux propres (2 220 000$), car les deux transactions ne nécessitaient pas de paiement. Le dividende en action a réduit les résultats non distribués et augmenté les comptes Actions ordinaires et Prime d'émission – actions ordinaires du même montant total; le nombre d'actions en circulation a augmenté, mais non la valeur nominale par action. Le fractionnement d'action n'a eu aucun effet sur le solde des comptes; les seuls effets sont: 1) l'augmentation du nombre d'actions en circulation; et 2) la diminution de la valeur nominale par action.

E10-25 L'analyse de l'arriéré de dividende

L'arriéré de dividende sur les actions préférentielles indique que la société Archon était en difficulté financière. Plusieurs sociétés refusent d'interrompre le paiement d'un dividende pour ne pas miner la confiance des investisseurs. Généralement, les problèmes de trésorerie surviennent lorsque les sociétés prennent cette mesure draconienne. L'investisseur a présumé qu'il recevrait un important montant des produits tirés des dividendes lorsque la société recommencerait à verser des dividendes. Il doit comprendre qu'il a présumé d'une éventualité; une société en difficulté financière peut ne pas verser de dividende.

Problèmes

P10-1 La recherche des montants manquants

1. a) Nombre d'actions autorisées   Illimité

       b) Nombre d'actions émises (2 125 000 $ ÷ 17 $)   125 000

       c) Nombre d'actions en circulation (125 000 − 3 000)   122 000

2. Le résultat par action est de 118 000 $ ÷ 122 000 actions = 0,97 $.

3. Le dividende versé par action ordinaire est de 73 200 $ ÷ 122 000 actions = 0,60 $.

4. L'ajustement rétrospectif doit être inscrit aux résultats non distribués à titre d'ajout (gain) au solde d'ouverture au montant de 9 000 $.

5. Les actions propres détenues doivent être inscrites à l'état de la situation financière dans la section des capitaux propres à titre de déduction au montant de 60 000 $ (3 000 actions × 20 $).

6. Le montant des résultats non distribués disponibles pour les dividendes au 31 décembre 2013 est de :

Résultats non distribués au 31 décembre 2013 (555 000 $ + 9 000 $ + 118 000 $ − 73 200 $)	608 800 $	
Restriction sur le prêt	(70 000)	538 800 $

7. Après le fractionnement d'actions, le nombre d'actions en circulation sera de 244 000 (122 000 × 2) et les résultats non distribués non affectés seront de 538 800 $ (aucun effet).

8. Le fractionnement d'actions n'influe pas sur les postes de l'état de la situation financière et ne requiert aucune écriture parce que le montant total des actions ordinaires avant et après le fractionnement est le même. Les résultats non distribués ne sont pas capitalisés lorsqu'il y a un fractionnement d'actions. Seul le nombre d'actions en circulation double.

9. Équation comptable :

Actif	=	Passif	+	Capitaux propres	
				Actions ordinaires	+256 200*
				Résultats non distribués	−256 200

* 122 000 actions × 10 % × 21 $ = 256 200 $

Écriture nécessaire pour inscrire le dividende en actions (capitalisation des résultats non distribués) au prix du marché de 21 $ l'action) :

Résultats non distribués (−CP)	256 200	
Actions ordinaires (+CP)		256 200

P10-3 La comptabilisation des opérations influant sur les capitaux propres

Équation comptable :

Opération	Actif		=	Passif	+	Capitaux propres	
a)	Trésorerie (66 000 actions × 9 $)	+594 000				Actions ordinaires	+594 000
b)	Trésorerie (9 000 actions × 20 $)	+180 000				Actions préférentielles	+180 000
c)	Trésorerie [(1 000 actions × 20 $) + (1 500 actions × 10 $)]	+35 000				Actions préférentielles Actions ordinaires	+20 000 +15 000

Écritures de journal :

a) Trésorerie (+A)   594 000

    Actions ordinaires (+CP)   594 000

   Émission de 66 000 actions ordinaires à 9 $ l'action

b) Trésorerie (+A)   180 000

    Actions préférentielles (+CP)   180 000

   Émission de 9 000 actions préférentielles à 20 $ l'action

c) Trésorerie (+A)   35 000

    Actions préférentielles (+CP)   20 000

    Actions ordinaires (+CP)   15 000

   Émission de 1 000 actions préférentielles à 20 $ l'action
   et de 1 500 actions ordinaires à 10 $ l'action

P10-5 La présentation des capitaux propres à la suite de certaines opérations

Grandmonde
État de la situation financière (partiel)
au 31 décembre 2013
(en dollars)

Capitaux propres :

Capital social :

Actions ordinaires en nombre illimité, sans valeur nominale, 100 000 actions émises, dont 15 000 actions propres détenues	1 200 000*
Réserve :	
Résultats non distribués**	475 000
Sous-total	1 675 000
Actions propres détenues (20 000 actions × 15 $)	(300 000)
Total des capitaux propres	1 375 000

* 100 000 actions × 12 $ = 1 200 000 $
** Résultats non distribués = résultat net, car il n'y a aucun solde d'ouverture et aucun dividende.

P10-7 La comparaison du dividende en actions et du dividende en espèces

1. Tous les montants sont en dollars.

	Dividendes		
	Préférentielles 8 000 actions	**Ordinaires** 35 000 actions	**Total**
Cas A : Préférentielles non cumulatives Dividende total : 31 000 $			
Actions préférentielles (120 000 $ × 10 %)	12 000		12 000
Solde pour les actions ordinaires		19 000	19 000
Total	12 000	19 000	31 000
Par action	1,50	0,54	
Cas B : Actions préférentielles cumulatives Dividende total : 25 000 $			
Arriérés, actions préférentielles (120 000 $ × 10 %, pour 2 ans)	24 000		24 000
Année courante, actions préférentielles	1 000		1 000
Solde pour les actions ordinaires		–	–
Total	25 000		25 000
Par action	3,13	–	

Cas C : Actions préférentielles cumulatives
Dividende total : 67 000 $

Arriérés, actions préférentielles (120 000 $ × 10 %, pour 2 ans)	24 000		24 000
Année courante, actions préférentielles	12 000		12 000
Solde pour les actions ordinaires		31 000	31 000
Total	36 000	31 000	67 000
Par action	4,50	0,89	

2.

	Montant de l'augmentation (ou de la diminution) en dollars	
Poste	**Dividende en espèces – Cas C**	**Dividende en actions**
Actif	Diminution de la trésorerie de 67 000 $ à la date du paiement	Aucun actif distribué
Passif	Augmentation du dividende à payer de 67 000 $ à la date de la déclaration et diminution du même compte de 67 000 $ à la date de paiement ; l'effet net est de zéro.	Aucun changement — aucun passif créé
Capitaux propres	Diminution des résultats non distribués de 67 000 $	Aucun changement dans le total des capitaux propres ; diminution des résultats non distribués et augmentation des actions ordinaires de 252 000 $ (10 500* actions × 24 $)

* 35 000 actions × 30 %

Commentaires :

Le dividende en espèces fait diminuer l'actif et les capitaux propres du montant du dividende parce que des ressources sont distribuées.

Le dividende en actions ne modifie pas le total de l'actif ni celui des capitaux propres parce qu'aucune ressource n'est distribuée. Seule la répartition des capitaux propres change.

P10-9 Les effets des dividendes sur les états financiers

	Comparaison et explication des effets des dividendes	
Poste	**Dividende en espèces sur les actions préférentielles**	**Dividende en actions sur les actions ordinaires**
a) Jusqu'au 31 décembre 2013 :		
Actif	Aucun effet — aucunes espèces distribuées jusqu'à présent	Aucun effet — aucunes espèces ne seront distribuées
Passif	Augmentation du dividende à payer de 40 000 $ (500 000 $ × 8 %) à la date de la déclaration	Aucun effet à la date de la déclaration
Capitaux propres	Diminution des résultats non distribués du montant du dividende, soit 40 000 $	Aucun effet
b) Le 15 février 2014 :		
Actif	Diminution de la trésorerie de 40 000 $; paiement du dividende	Aucun effet — aucun actif distribué
Passif	Diminution du dividende à payer de 40 000 $	Aucun effet à la date de la déclaration
Capitaux propres	Aucun changement ; l'effet est inscrit en 2013.	Le total des capitaux propres est inchangé. 1. Les résultats non distribués diminuent du montant du dividende, soit 546 000 $*. 2. Les actions ordinaires augmentent du montant du dividende, soit 546 000 $.
c) Effets globaux du 1er décembre 2013 au 15 février 2014 :		
Actif	Diminution de 40 000 $	Aucun changement
Passif	Aucun changement	Aucun changement
Capitaux propres	Diminution de 40 000 $	Aucun changement du total

* 52 000 actions × 30 % = 15 600 actions × 35 $ = 546 000 $

P10-11 La comparaison de la section des capitaux propres de diverses formes d'entreprises

1. Incidences sur le capital:

Cas A: Capital – 20 000$ (perte) – 8 000 (prélèvements)

Cas B: Capital A – 10 000$ (perte) – 5 000 (prélèvements)
Capital B – 10 000$ (perte) – 9 000 (prélèvements)

Cas C: Résultats non distribués – 20 000$ (perte)

Écritures de journal:

Cas A: Entreprise individuelle – écritures de fermeture

Capital	20 000	
Sommaire des résultats		20 000
Capital	8 000	
Prélèvements		8 000

Cas B: Société de personnes – écritures de fermeture

Capital A	10 000	
Capital B	10 000	
Sommaire des résultats		20 000
Capital A	5 000	
Capital B	9 000	
Prélèvements A		5 000
Prélèvements B		9 000

Cas C: Société de capitaux – écriture de fermeture

Résultats non distribués	20 000	
Sommaire des résultats		20 000

2. **Cas A:** Entreprise individuelle

État des variations des capitaux propres du propriétaire:

Capital au 1er janvier 2013	50 000$
Perte nette de la période	(20 000)
Prélèvements de la période	(8 000)
Capital au 31 décembre 2013	22 000$

Cas B: Société de personnes

État des variations des capitaux propres des associés:

	A	B	Total
Capital au 1er janvier 2013	40 000$	38 000$	78 000$
Perte nette de la période	(10 000)	(10 000)	(20 000)
Prélèvements de la période	(5 000)	(9 000)	(14 000)
Capital au 31 décembre 2013	25 000$	19 000$	44 000$

Cas C: Société de capitaux

État des variations des capitaux propres:

	Actions ordinaires	Résultats non distribués	Total
Solde d'ouverture au 1er janvier 2013	155 000$	65 000$	220 000$
Résultat net 2013 de la période		(20 000)	(20 000)
Solde de clôture au 31 janvier 2013	155 000$	45 000$	200 000$

CHAPITRE 11

Les placements

Questions

1. Un placement courant est effectué en vue d'obtenir un rendement sur une base temporaire. Il doit être facilement convertible en espèces et la direction doit avoir manifesté son intention de recouvrer son investissement en peu de temps. Un placement non courant ne répond à aucun des critères énumérés précédemment. La plupart des placements non courants sont des titres négociables, soit des actions, soit des obligations. À l'état de la situation financière, les placements courants sont inscrits dans l'actif courant et les placements non courants, dans l'actif non courant.

2. Pour ce qui est des placements non stratégiques dans des instruments de passif, telles les obligations, ils sont comptabilisés selon la méthode du coût amorti si la direction a l'intention de les conserver jusqu'à l'échéance. Autrement, les placements dans les obligations sont comptabilisés à la juste valeur, comme le sont les placements non stratégiques dans les actions. À la fin de chaque période, les placements non stratégiques évalués à la juste valeur sont ajustés. On présume que les placements dans les actions d'une autre société sont «non stratégiques» lorsque l'entreprise participante détient moins de 20% des actions avec droit de vote en circulation de la société émettrice, à moins de preuve contraire.

   Lorsqu'une société exerce une influence notable sur les politiques opérationnelles et financière d'une autre société, la société participante comptabilise sa participation selon la méthode de mise en équivalence. Cette méthode est considérée comme une consolidation en une ligne, c'est-à-dire que la valeur de l'actif net que l'on obtiendrait en consolidant les états financiers est incluse dans un seul compte, intitulé Placement. C'est pourquoi la méthode se nomme «mise en équivalence». Le compte Placement à l'état de la situation financière reflète donc la quote-part des résultats de l'entreprise associée qui revient à la société participante (la contrepartie est le produit de placement à l'état du résultat global). Le compte Placement à l'état de la situation financière est aussi réduit au moment de la réception des dividendes de l'entreprise associée (la contrepartie est la trésorerie). On suppose qu'il existe une influence notable lorsque la société participante détient de 20% à 50% des actions avec droit de vote en circulation de la société émettrice.

   Lorsqu'une société participante détient plus de 50% des actions avec droit de vote en circulation d'une autre société, on présume qu'elle exerce le contrôle sur celle-ci (filiale). La préparation d'états financiers consolidés est alors nécessaire.

3. Seuls les placements dans les obligations que la direction a la capacité et l'intention de détenir jusqu'à la date d'échéance sont classés dans le portefeuille de placements détenus jusqu'à l'échéance. À la fin de la période, ils sont présentés à l'état de la situation financière au coût amorti et non à la juste valeur, car les fluctuations de la juste valeur n'affectent nullement la trésorerie à la date d'échéance des obligations.

4. Lorsqu'une entreprise investit dans les actions d'une autre entreprise, elle doit les comptabiliser au coût payé au moment de l'acquisition. Cette pratique respecte donc la convention du coût historique. Le coût comprend toutes les sommes versées en vue d'obtenir les autres actions (commissions, coût d'achat, etc). Par contre, pour les placements classés *à la juste valeur par le biais du résultat net* (JVBRN), ces coûts sont exclus du placement et traités comme des coûts de période lorsqu'on détermine le résultat net.

5. Selon la méthode à la juste valeur, les produits de placement dans les actions d'une autre société sont inscrits lorsque l'autre société déclare des dividendes en espèces.

6. Selon la méthode de mise en équivalence, la société participante mesure les produits de placement sur la base de sa quote-part des résultats de la société émettrice et non sur la base des dividendes reçus. La société participante est en partie responsable des résultats de l'entreprise associée, puisqu'elle a participé à sa gestion, du fait qu'elle a suffisamment de parts pour exercer sur elle une influence notable. Lorsqu'une influence notable peut être exercée sur la politique de dividende d'une autre entité, cela signifie que les résultats de la société émettrice peuvent être obtenus (par le versement d'un dividende) quasiment selon la volonté de la société participante. Rappelons que, chaque année, le conseil d'administration décide de verser ou non des dividendes ; l'inscription d'un produit de placement basé sur les dividendes reçus n'est pas indépendant lorsqu'il s'agit d'une entreprise associée, car la société participante a été partie prenante de la décision de déclarer ou non des dividendes (elle est présente au conseil d'administration et exerce une influence notable).

7. Il y aurait double comptabilisation, car la société participante a déjà enregistré sa quote-part du résultat net. Puisque les dividendes de la société émettrice proviennent de la distribution de ses résultats, enregistrer ces dividendes correspondrait à une double comptabilisation. Par conséquent, selon la méthode de mise en équivalence, les dividendes reçus de la société émettrice viennent réduire le compte Placement de la société participante et font augmenter la trésorerie.

8. Un regroupement d'entreprises est une opération par laquelle une entité acquiert le contrôle d'une autre entreprise grâce à l'acquisition d'actions avec droit de vote ou à l'achat de l'actif net. Puisque les entités qui prennent part à l'opération n'ont aucun lien entre elles, il s'agit d'un regroupement d'entreprises survenant entre des parties indépendantes. Par conséquent, il n'y a qu'une méthode pour comptabiliser ces regroupements : la méthode de l'acquisition, qui implique la comptabilisation de l'actif net acquis à la juste valeur.

9. Lorsque plusieurs entreprises se regroupent, le goodwill est l'excédent du prix d'achat sur la juste valeur de l'actif net acquis que paie l'acquéreur. Il faut le comptabiliser comme un actif aux états financiers consolidés. Le goodwill survient lorsque la société émettrice a acquis une réputation qui suppose des rendements supérieurs à ceux de son secteur d'activité. Cet actif n'est pas amorti. Un test de dépréciation effectué annuellement permet de déterminer si le goodwill a perdu de la valeur. Les pertes de valeur, ou dépréciations, réduisent l'actif. Elles font l'objet d'une charge distincte à l'état du résultat global consolidé lorsqu'on détermine le résultat net.

10. La relation mère-filiale signifie que la société mère (société participante) détient le contrôle de la filiale (société émettrice). Habituellement, le contrôle est obtenu lorsque la société mère détient plus de 50% des actions ordinaires avec droit de vote de la filiale. La société mère et la filiale sont toutefois reconnues comme deux entités distinctes devant la loi, chacune d'elles préparant ses propres états financiers. Cependant, en raison de leur relation spéciale, elles sont considérées comme une seule entité économique lorsqu'il est question de mesurer et de présenter l'information financière. Ainsi, la société mère (et non la filiale) doit préparer des états financiers consolidés.

11. Le concept de base régissant les états financiers consolidés repose sur la relation mère-filiale. La société mère possède plus de 50% des actions avec droit de vote d'une autre entité (filiale). Les deux sociétés doivent donc être considérées comme une seule entité économique (sous le contrôle des mêmes actionnaires).

À la fin de chaque période, les deux entreprises préparent leurs propres états financiers. Ensuite, selon le concept de consolidation, ces états financiers distincts sont combinés, compte par compte, pour donner les états financiers consolidés. Ainsi, ceux-ci n'influent pas sur la comptabilisation de la société mère ni sur celle de la filiale. Ils ont pour seul but de présenter l'information financière de l'entité économique.

12. Le critère essentiel à prendre en compte avant de consolider les états financiers est le contrôle de l'autre entité. Il y a présomption de contrôle lorsque la société participante détient plus de 50% des actions avec droit de vote de l'autre entité.

13. Outre la terminologie, les principales différences existant entre les normes internationales (IFRS) et les normes pour entreprises à capital fermé (NCECF) concernant les placements sont les suivantes:
    a) Les IFRS obligent à comptabiliser les placements non stratégiques dans les actions à la juste valeur et les placements dans les instruments de passif détenus jusqu'à l'échéance, au coût amorti (avec amortissement basé sur la méthode du taux effectif); les NCECF laissent le choix à l'entreprise (juste valeur, coût, coût amorti, et amortissement linéaire ou selon le taux effectif); ce choix est irrévocable et s'applique à tous les placements de la même catégorie. Toutefois, toujours selon les NCECF, lorsque les placements non stratégiques sont constitués d'actions cotées sur un marché, la méthode de la juste valeur doit être utilisée pour effectuer leur comptabilisation.
    b) Le traitement du profit ou de la perte découlant des placements non stratégiques évalués à la juste valeur est également différent. Selon les IFRS, lorsque le profit/perte non matérialisé découle d'un placement classé JVBRN, le résultat net est touché, tandis que pour les placements classés *disponibles à la vente*, les autres éléments du résultat global sont touchés. Selon les NCECF, tous les profits ou perte découlant de placements évalués à la juste valeur modifient le résultat net.
    c) Les coûts des transactions sont également traités différemment. Selon les IFRS, ils sont inclus dans le coût du placement, sauf pour ce qui est des placements classés JVBRN, où les coûts sont passés en charges de la période. Selon les NCECF, les coûts sont inclus dans le compte de l'actif, sauf pour ce qui est des placements évalués à la juste valeur, lesquels sont passés en charges de la période.
    d) Selon les IFRS, les placements dans les entreprises associées doivent être comptabilisés selon la méthode de mise en équivalence (MME) et les filiales doivent être consolidées. Les NCECF laissent le choix à l'entreprise de comptabiliser les placements dans les entreprises associés selon la MME (valeur de consolidation), la juste valeur ou au coût, sauf si les titres sont cotés sur un marché actif, où la méthode du coût est alors défendue. Pour les filiales, les entreprises à capital fermé peuvent consolider les états financiers ou présenter les placements dans les filiales à la valeur d'acquisition ou selon la MME (valeur de consolidation), sauf si les titres sont cotés sur un marché actif, où la méthode du coût est alors défendue. Le choix de la méthode est irrévocable et s'applique à tous les placements semblables.
    e) Il existe aussi des différences relativement à l'information à divulguer aux états financiers.
    f) Un test de dépréciation du goodwill (écart d'acquisition) doit être effectué, mais les modalités d'application diffèrent d'un référentiel à l'autre.

14. Les éliminations intersociétés comprennent l'élimination des montants réciproques découlant d'opérations survenues entre la société mère et la filiale qui figurent aux états financiers distincts des deux sociétés. Si ces montants n'étaient pas éliminés, il en résulterait une double comptabilisation. Par exemple, aux états financiers non consolidés de la société mère, si l'on constate une dette envers la filiale, on trouve aux états financiers de la filiale un effet à recevoir de la société mère du même montant. Par contre, aux états financiers consolidés, cette dette intersociétés est éliminée, puisque les deux sociétés font partie de la même entité économique.

Mini-exercices

M11-1 L'association des méthodes de comptabilisation des placements et des éléments d'information financière

Méthode de comptabilisation	Élément
C	1. Plus de 50 % des actions ordinaires
D	2. Les obligations détenues jusqu'à l'échéance
A	3. Moins de 20 % des actions ordinaires
B	4. De 20 à 50 % des actions ordinaires
D	5. Le coût original moins l'amortissement de toute prime ou de tout escompte associé à l'achat
B	6. Le coût original plus ou moins une quote-part des résultats de la société émettrice moins une quote-part des dividendes déclarés par la société émettrice
A	7. Le coût original ajusté en fonction des variations de la valeur boursière des actions

M11-3 La détermination des effets sur les états financiers des opérations de placements classés *à la juste valeur par le biais du résultat net*

Équation comptable :

Date	État de la situation financière				État du résultat global	
	Actif		Passif	Capitaux propres	Résultat net	AERG*
2013-12-02	Placement JVBRN	+210 000				
	Trésorerie	−210 000				
2013-12-15	Trésorerie	+22 500		+22 500	Produit financier placement JVBRN +22 500	
2013-12-31	Placement JVBRN	−37 500		−37 500	Perte non réalisée placement JVBRN −37 500	

* Autre élément du résultat global

Juste valeur à la clôture de la période	−	Juste valeur à l'ouverture de la période (date d'acquisition)	=	Montant de l'ajustement
172 500 $	−	210 000 $	=	−37 500 $

Note : Il s'agit bien d'un placement non stratégique, car Princeton ne détient que 15 % des actions ordinaires de Cox (7 500 actions ÷ 50 000 actions).

M11-5 La comptabilisation des opérations portant sur les placements classés *à la juste valeur par le biais du résultat net*

Écritures de journal:

2013-12-02

Placement JVBRN (+A)	210 000	
Trésorerie (–A)		210 000

Achat de 7 500 actions ordinaires (15 %) de la société Cox au prix de 28 $ l'action

2013-12-15

Trésorerie (+A)	22 500	
Produit financier placement JVBRN (+Pr, +CP)		22 500

Encaissement des dividendes reçus
(7 500 actions × 3 $ = 22 500 $)

2013-12-31

Perte placement JVBRN (–Pr, –CP)	37 500	
Placement JVBRN (–A)		37 500

M11-7 La détermination des effets sur les états financiers des placements dans des entreprises associées

Date	État de la situation financière				État du résultat global		
	Actif		Passif	Capitaux propres	Résultat net		AERG
2014-07-02	Trésorerie	+6 000 000					
	Placement EA*	–6 000 000					
2014-12-31	Placement EA	+60 000		+60 000	Produit financier placement EA	+60 000	

* EA: entreprise associée

M11-9 L'enregistrement d'une fusion

1.

Prix d'achat	590 000 $
Juste valeur de l'actif net acquis (650 000 $ – 125 000 $)	(525 000)
Goodwill	65 000 $

2. Équation comptable:

Actif		=	Passif		+	Capitaux propres
Usine et équipement	+650 000		Obligations à payer	+125 000		
Goodwill	+65 000					
Trésorerie	–590 000					

Écriture de journal:

Usine et équipement (+A)	650 000	
Goodwill (+A)	65 000	
Obligations à payer (+Pa)		125 000
Trésorerie (–A)		590 000

M11-11 L'interprétation de l'information relative au goodwill

Disney présente un goodwill important parce qu'elle a payé un montant de beaucoup supérieur à la juste valeur de l'actif net d'autres entreprises qu'elle a acquises.

Exercices

E11-1 L'enregistrement des placements en obligations détenues jusqu'à l'échéance

1. Calcul du prix d'achat (au taux du marché de 4%):

	Montant (en dollars)	Taux d'actualisation $n = 10, i = 4$	Valeur actualisée (en dollars)
Capital	10 000 000	0,6756*	6 756 000
Intérêts (annuels)	300 000	8,1109**	2 433 270
Prix d'acquisition (à escompte)			9 189 270

* Selon la table A.1 (*voir l'annexe A à la fin du manuel*)
** Selon la table A.2 (*voir l'annexe A à la fin du manuel*)

Amortissement de l'escompte à l'achat selon la méthode de l'intérêt effectif:

Intérêts selon le taux du marché au 31 décembre 9 189 270$ × 4% =	367 570$
Intérêts reçus le 31 décembre	(300 000)
Amortissement de l'escompte au 31 décembre	67 570$

2. Équation comptable:

Date	Actif	=	Passif	+	Capitaux propres	
2012-01-01	Placement ODJE	+9 189 270				
	Trésorerie	–9 189 270				
2012-12-31	Trésorerie	+300 000			Produit financier placement ODJE	+300 000
	Placement ODJE	+67 570			Produit financier placement ODJE	+67 570

Intérêts: 10 millions de dollars × 3% = 300 000$

3. Écritures de journal:

2012-01-01

Placement ODJE (+A)	9 189 270	
Trésorerie (–A)		9 189 270

2012-12-31

Trésorerie (+A)	300 000	
Produit financier placement ODJE (+Pr, +CP)		300 000
Placement ODJE (+A)	67 570	
Produit financier placement ODJE (+Pr, +CP)		67 570

E11-3 Les effets sur les états financiers et l'enregistrement des opérations portant sur les placements classés *à la juste valeur par le biais du résultat net*

1. Équation comptable :

Date	État de la situation financière			État du résultat global	
	Actif	Passif	Capitaux propres	Résultat net	AERG
2011-06-30	Placement JVBRN +140 000 Trésorerie −140 000				
2011-12-31	Placement JVBRN* +28 000		+28 000	Profit non réalisé placement JVBRN +28 000	
2012-12-31	Placement JVBRN* +49 000		+49 000	Profit non réalisé placement JVBRN +49 000	
2013-12-31	Placement JVBRN* −42 000		−42 000	Perte non réalisée placement JVBRN −42 000	
2014-02-14	Trésorerie +161 000 Placement JVBRN −175 000		−14 000	Perte réalisée placement JVBRN** −14 000	

* Année	Juste valeur à la clôture de la période	−	Juste valeur à l'ouverture de la période	=	Montant de l'ajustement
2011	168 000 $	−	140 000 $	=	+28 000 $
2012	217 000	−	168 000	=	+49 000
2013	175 000	−	217 000	=	−42 000
	Total du Profit sur perte non réalisé placement JVBRN de 2011 à 2013 dans le résultat net				+35 000
2014-02	Perte matérialisée – vente de placement JVBRN			=	−14 000
	Total des effets au résultat net de 2011 à 2014				+ 21 000 $

Il faut noter que le montant du profit/perte non réalisé est un élément du résultat net. Le compte est fermé à la fin de chaque période.

** Produit de disposition (juste valeur)	161 000 $
Valeur comptable : Placement JVBRN au 31 décembre 2013	(175 000)
Perte réalisée	(14 000 $)

2. Écritures de journal :

2011-06-30

| Placement JVBRN (+A) | 140 000 | |
| Trésorerie (−A) | | 140 000 |

2011-12-31

| Placement JVBRN (+A) | 28 000 | |
| Profit non réalisé placement JVBRN (+Pr, +CP) | | 28 000 |

2012-12-31

| Placement JVBRN (+A) | 49 000 | |
| Profit non réalisé placement JVBRN (+Pr, +CP) | | 49 000 |

2013-12-31

| Perte non réalisée placement JVBRN (−Pr, −CP) | 42 000 | |
| Placement JVBRN (−A) | | 42 000 |

2014-02-14

Trésorerie (+A)	161 000	
Perte réalisée vente Placement JVBRN (−Pr, −CP)	14 000	
Placement JVBRN (−A)		175 000

E11-5 La présentation des profits et des pertes sur les placements classés *à la juste valeur par le biais du résultat net*

1. Équation comptable:

Date	État de la situation financière			État du résultat global	
	Actif	Passif	Capitaux propres	Résultat net	AERG
2013-10-03	Placement JVBRN +450 000 Trésorerie −450 000				
2013-12-31	Placement JVBRN* +50 000		+50 000	Profit non réalisé placement JVBRN +50 000	
2014-12-31	Placement JVBRN* −150 000		−150 000	Perte non réalisée placement JVBRN −150 000	
2015-12-31	Placement JVBRN* +20 000		+20 000	Profit non réalisé placement JVBRN +20 000	
2016-09-12	Trésorerie +340 000 Placement JVBRN −370 000		−30 000	Perte réalisée** placement JVBRN −30 000	

* Année	Juste valeur à la clôture de la période	−	Juste valeur à l'ouverture de la période	=	Montant de l'ajustement
2013	500 000$	−	450 000$	=	+50 000$
2014	350 000	−	500 000	=	−150 000
2015	370 000	−	350 000	=	+20 000
	Total du profit/perte non réalisé placement JVBRN de 2013 à 2015 dans le résultat net				−80 000
2016	Perte réalisée sur la vente du placement JVBRN			=	−30 000
	Total des effets au résultat net de 2013 à 2016				−110 000$

Il faut noter que le profit/perte non réalisé et le profit/perte réalisé sont présentés au moment de la détermination du résultat net.

** Produit de disposition	340 000$
Placement JVBRN au 2015-12-31 (juste valeur)	(370 000)
Perte réalisée sur vente de placements JVBRN	(30 000$)

2. Écritures de journal:

2013-10-03

Placement JVBRN (+A)	450 000	
Trésorerie (−A)		450 000

2013-12-31

Placement JVBRN (+A)	50 000	
Profit non réalisé placement JVBRN (+Pr, +CP)		50 000

2014-12-31

Perte non réalisée placement JVBRN (−Pr, −CP)	150 000	
Placement JVBRN (−A)		150 000

2015-12-31

Placement JVBRN (+A)	20 000	
Profit non réalisé placement JVBRN (+Pr, +CP)		20 000

2016-09-12

Trésorerie (+A)	340 000	
Perte réalisée placement JVBRN (−Pr, −CP)	30 000	
Placement JVBRN (−A)		370 000

E11-7 L'inscription et la présentation d'un titre comptabilisé à l'aide de la méthode de mise en équivalence

1. La méthode de mise en équivalence doit être utilisée, car la société Félicia détient 35 % (22 750 ÷ 65 000) du total des actions ordinaires émises par la société Nueces. La société participante doit utiliser la méthode de mise en équivalence quand elle détient de 20 à 50 % de participation, car elle peut exercer une influence notable, mais non le contrôle, sur les activités opérationnelles et financières de la société Nueces.

2. Équation comptable :

Date	Actif		=	Passif	+	Capitaux propres	
2012-01-10	Placement EA* Trésorerie (22 750 actions × 11 $)	+250 250 −250 250					
2012-07-15	Trésorerie Placement EA (22 750 actions × 0,60 $)	+13 650 −13 650					
2012-12-31	Placement EA (80 000 $ × 35 %)	+28 000				Produit financier placement EA	+28 000

* EA = entreprise associée

La variation de la valeur boursière n'a aucun effet, puisque le placement est maintenu grâce à la méthode de mise en équivalence.

3. Écritures de journal :

2012-01-10

Placement entreprise associée (+A)	250 250	
Trésorerie (−A)		250 250

Achat de 22 750 actions (35 %) ordinaires de Nueces, 11 $ chacune

2012-07-15

Trésorerie (+A)	13 650	
Placement entreprise associée (−A)		13 650

Pour enregistrer 35 % de l'encaissement des dividendes payés par Nueces (22 750 actions × 0,60 $ = 13 650 $)

2012-12-31

Placement entreprise associée (+A)	28 000	
Produit financier placement EA (+Pr, +CP)		28 000

Pour enregistrer 35 % du résultat net présenté par Nueces (80 000 $ × 35 % = 28 000 $)

Il n'y a aucune écriture à passer concernant la valeur boursière, puisque le placement est maintenu grâce à la méthode de mise en équivalence.

4. **État de la situation financière au 31 décembre 2012 :**

Placement non courant

Placement entreprise associée (mise en équivalence)   264 600 $

(250 250 $ + 28 000 $ − 13 650 $ = 264 600 $)

État du résultat global pour la période close le 31 décembre 2012 :

Produit financier placement entreprise associée   28 000 $

E11-9 La détermination du traitement comptable approprié au moment d'une acquisition

1. Goodwill :

Prix d'achat	110$
Juste valeur de l'actif net acquis (16 + 21 + 35 − 25)	(47)
Goodwill	63$

2. Écriture de journal :

Actifs courants (+A)	16	
Immobilisations corporelles (+A)	21	
Actifs incorporels (+A)	35	
Goodwill (+A)	63	
Passifs courants (+Pa)		25
Trésorerie (−A)		110

E11-11 Le processus de consolidation

La consolidation est un processus comptable qui rassemble l'information financière de deux sociétés ou plus afin de les présenter comme une seule entité économique. Ces sociétés peuvent réaliser des opérations entre elles (appelées «opérations intersociétés») durant l'année. Par exemple, elles peuvent s'octroyer des prêts ou se vendre des marchandises. Durant la consolidation, les opérations intersociétés sont éliminées ou renversées pour que les opérations ne semblent jamais avoir eu lieu aux états financiers consolidés.

Il est nécessaire d'éliminer les opérations intersociétés parce que, logiquement, une seule entité économique ne peut conclure des affaires avec elle-même. Il serait illogique, par exemple, de présenter une dette qu'on se doit à soi-même.

E11-13 La détermination du résultat net consolidé

1. Goodwill :

Prix d'achat	110 000$
Juste valeur de l'actif net	(95 000)
Goodwill	15 000$

2.	Amortissement annuel supplémentaire sur l'équipement : (9 000$ ÷ 3 ans)	3 000$
	Produits (460 000$ + 80 000$)	540 000$
	Charges (340 000$ + 60 000$ + 3 000$)	(403 000)
	Résultat net consolidé	137 000$

3. Le goodwill n'est pas amorti. Si le test de dépréciation à la clôture de la période révèle une baisse de valeur du goodwill, l'actif et le résultat net consolidés seront réduits du même montant.

Problèmes

P11-1 La détermination des effets sur les états financiers de placements en obligations détenues jusqu'à l'échéance

1. Au moment de l'achat des obligations, la société augmente le compte Placements détenus jusqu'à l'échéance et diminue le compte Trésorerie de 5 457 925$.

Au taux du marché de 3%:

	Montant (en dollars)	Taux d'actualisation $n = 5, i = 3$	Valeur actualisée (en dollars)
Capital	5 000 000	0,8626*	4 313 000
Intérêts (annuels)	250 000	4,5797**	1 144 925
Prix d'acquisition			5 457 925

* Selon la table A.1 (*voir l'annexe A à la fin du manuel*)
** Selon la table A.2 (*voir l'annexe A à la fin du manuel*)

2. Lorsqu'elle procède à l'encaissement des intérêts sur les obligations, la société augmente le compte Trésorerie et inscrit un produit de placement de 250 000$ (5 000 000$ × 5%).

3. Les obligations ont été achetées à prime et l'amortissement doit être calculé selon la méthode du taux effectif. Pour 2014, on diminue le compte Placement obligations détenues jusqu'à l'échéance (ODJE) et le compte Produits financiers d'un montant de 86 262$.

Amortissement de la prime à l'achat selon la méthode de l'intérêt effectif:

Intérêts au taux du marché au 31 décembre	5 457 925$ × 3%	=	163 738$
Intérêts reçus le 31 décembre			(250 000)
Amortissement de la prime au 31 décembre			−86 262$

4. Aucune entrée de journal n'est nécessaire. Les variations de la juste valeur des obligations détenues jusqu'à l'échéance ne sont pas comptabilisées.

P11-3 La présentation des placements non stratégiques

1. La méthode à la juste valeur doit être utilisée pour comptabiliser les placements dans les actions ordinaires de Q et les actions privilégiées de R. En effet, les premiers placements ne représentent que 14% des actions avec droit de vote en circulation et, à moins de preuve du contraire, ce sont des placements non stratégiques. Les seconds placements représentent des actions privilégiées sans droit de vote. Donc, par le fait même, ce sont des placements non stratégiques, car aucune influence notable ou contrôle n'est possible. Les placements non stratégiques doivent être évalués à la juste valeur à la clôture de la période.

2. Équation comptable:

Date	État de la situation financière			État du résultat global	
	Actif	**Passif**	**Capitaux propres**	**Résultat net**	**AERG**
2013-01	Placement DV +392 800* Trésorerie −392 800				
2013-12-31	Résultat net de Q et R:	Aucun effet**			
2013-12-31	Trésorerie*** +16 175		+16 175	Produit financier placement DV +16 175	
2014-12-31	Trésorerie*** +16 725		+16 725	Produit financier placement DV +16 725	
2013-12-31	Placement DV**** −22 300		−22 300		Perte latente placement DV −22 300
2014-12-31	Placement DV**** +11 300		+11 300		Profit latent placement DV +11 300

* Société Q, actions ordinaires (11 000 actions × 9 $)   99 000 $
  Société R, actions privilégiées (11 300 actions × 26 $)   293 800
  Investissement total   392 800 $

Faute d'information additionnelle, les titres sont classés *disponibles à la vente,* car la direction a l'intention de les détenir à long terme.

** Selon la méthode à la juste valeur, les produits de placement sont comptabilisés au moment de la déclaration d'un dividende en espèces. Le résultat net des sociétés Q et R n'influe pas sur les placements détenus par Cristal.

*** Dividendes déclarés pour les entreprises Q et R pour 2013 et 2014:

2013 Actions ordinaires de Q (11 000 actions × 0,70 $)   7 700 $
          Actions privilégiées de R (11 300 actions × 0,75 $)   8 475
          Total   16 175 $

2014 Actions ordinaires de Q (11 000 actions × 0,75 $)   8 250 $
          Actions privilégiées de R (11 300 actions × 0,75 $)   8 475
          Total   16 725 $

**** Variation de la juste valeur des actions de Q et R

Année		Juste valeur à la clôture de la période	−	Juste valeur à l'ouverture de la période	=	Montant de l'ajustement
2013	Q	88 000 $	−	99 000 $	=	−11 000 $
	R	282 500	−	293 800	=	−11 300
						−22 300 $
2014	Q	88 000 $	−	88 000 $	=	0 $
	R	293 800	−	282 500	=	+11 300
						+11 300 $

Écritures de journal :

		2013	2014
a)	Achat des placements		
	Placements DV* (+A)	392 800	
	Trésorerie (–A)	392 800	
b)	Résultat net présenté par les sociétés Q et R		
	Aucune entrée n'est nécessaire dans les deux cas car, selon la méthode à la juste valeur, les produits de placement sont comptabilisés au moment de la déclaration d'un dividende en espèces.		
c)	Dividendes reçus		
	Trésorerie (+A)	16 175 · 16 725	
	Produit financier – placements (+Pr, +CP)	16 175	16 725
d)	Effets de la comptabilisation à la juste valeur		
	Perte latente placements DV (–AERG,–CP)	22 300	
	Placements DV (–A)	22 300	
	Placements DV (+A)	11 300	
	Profit latent placements DV (+AERG, +CP)	11 300	

3. Tous les montants sont en dollars.

		2013	2014
a)	**État de la situation financière**		
	Actif non courant		
	Placements DV (à la juste valeur)	370 500	381 800
b)	**État des variations des capitaux propres**		
	AERG : Solde cumulatif PPL placement DV	(22 300)	(11 000)
c)	**État du résultat global** (détermination du résultat net)		
	Produits financiers	16 175	16 725
	État du résultat global		
	AERG : PPL placements DV	(22 300)	11 300

P11-5 La comparaison des méthodes de comptabilisation des placements pour divers niveaux de participation

1. Cas A : La méthode de comptabilisation à la juste valeur doit être utilisée, car la société Georges possède 12 % (3 000 ÷ 25 000) des actions ordinaires en circulation de la société Rochon. Cette méthode doit être utilisée lorsque le pourcentage de participation n'atteint pas 20 % des actions ordinaires en circulation. La société Georges n'a donc ni influence notable, ni contrôle sur la société Rochon. Il s'agit d'un placement non stratégique.

Cas B : La méthode de mise en équivalence doit être utilisée pour comptabiliser le placement dans l'entreprise associée, car la société Georges possède 35 % (8 750 ÷ 25 000) des actions ordinaires en circulation de la société Rochon. Cette méthode doit être utilisée lorsque le pourcentage de participation va de 20 à 50 %, parce que la société Georges peut exercer une influence notable, mais non le contrôle, sur les activités opérationnelles et financières de la société Rochon.

2. Cas A

Équation comptable :

Date	État de la situation financière			État du résultat global	
	Actif	Passif	Capitaux propres	Résultat net	AERG
2013-01-01	Placement DV* +75 000 Trésorerie −75 000				
2013-08-31	Trésorerie** +2 550		+2 550	Produit financier placement DV +2 550	
2013-12-31	Placement DV*** −9 000				Perte latente placement DV −9 000

*   3 000 actions × 25 $ = 75 000 $
** Dividendes reçus : 12 % × 21 250 $ = 2 550 $
*** JV de 66 000 $ − Coût de 75 000 $ = −9 000 $ perte latente

Cas B

Équation comptable :

Date	Actif		=	Passif	+	Capitaux propres	
2013-01-01 (achat)	Placement EA* Trésorerie	+218 750 −218 750					
2013-08-31	Trésorerie** Placement EA	+7 438 −7 438					
2013-12-31	Placement EA***	+15 750				Produit financier placement EA	+15 750

*   EA : Entreprise associée : 8 750 actions × 25 $ = 218 750 $
** Dividendes reçus : 21 750 $ × 15 % = 7 438 $
*** 5 000 $ × 35 % = 15 750 $

3.

	Cas A — 12 %	Cas B — 35 %
État de la situation financière		
Placements non courants :		
Placement DV (à la juste valeur)	66 000	
Placement entreprise associée (méthode de mise en équivalence)		227 062*
État des variations des capitaux propres		
AERG : Solde cumulatif PPL placement DV	(9 000)	
État du résultat global (détermination du résultat net)		
Produit financier placement DV	2 550	
Produit financier placement EA		15 750
État du résultat global		
AERG : PPL placement DV	(9 000)	

* 218 750 $ + 15 750 $ − 7 438 $ = 227 062 $

4. L'actif (placements), les AERG et les produits de placement sont différents car : 1) des méthodes différentes ont été utilisées pour reconnaître les produits de placement ; et 2) l'ajustement résultant de la variation de la juste valeur des titres n'est comptabilisé que lorsqu'on utilise la méthode de la mise en équivalence.

P11-7 La détermination des effets sur le tableau des flux de trésorerie des placements permettant d'exercer une influence notable

La société Rousseau ayant acquis 45 % (40 500 ÷ 90 000) des actions ordinaires en circulation de Thon de mer inc., le placement est comptabilisé à l'aide de la méthode de mise en équivalence.

Activités d'investissement

Achat de placement dans une entreprise associée	−1 417 500 $

Activités opérationnelles (méthode indirecte)

Résultat net	XXX
Ajustements pour :	
Quote-part des résultats d'une entreprise associée (aucun encaissement)	−92 250*
Dividendes reçus d'une entreprise associée	+101 250**

* (205 000 $ × 45 %)
** (40 500 actions × 2,50 $)

La variation de la juste valeur des actions n'a aucune incidence sur l'état des flux de trésorerie.

P11-9 L'interprétation du taux de rendement de l'actif

1.

	Année 4	Année 3	Année 2
Résultat net	6 197 $	7 397 $	7 831 $
Actif total moyen*	178 467 $	167 044 $	165 963 $
Rendement de l'actif	3,5 %	4,4 %	4,7 %

* Année 4 : (188 804 $ + 168 130 $) ÷ 2 = 178 467 $
Année 3 : (168 130 $ + 165 958 $) ÷ 2 = 167 044 $
Année 2 : (165 958 $ + 165 968 $) ÷ 2 = 165 963 $

2. Le rendement de l'actif permet de mesurer le rendement de chaque dollar investi dans l'actif. C'est la mesure la plus globale de rentabilité et d'efficacité des gestionnaires, indépendamment de la stratégie de financement. La variation du taux de rendement de l'actif de Verizon a diminué à l'année 3 et encore à l'année 4, ce qui suggère que l'efficacité de la direction à utiliser les actifs pour produire un profit s'est détériorée au fil du temps.

CHAPITRE 12

Le tableau des flux de trésorerie

Questions

1. L'état du résultat global rend compte des produits et des charges qui sont comptabilisés au cours d'une période déterminée. Il est préparé au moyen de la comptabilité d'engagement. L'état de la situation financière présente l'actif, le passif et les capitaux propres d'une entreprise à une date précise. Le tableau des flux de trésorerie présente les entrées et sorties de trésorerie de l'entreprise liés à trois principales activités: les activités opérationnelles, les activités d'investissement et les activités de financement.

2. Le tableau des flux de trésorerie fait état des entrées et sorties de trésorerie liées aux trois grandes catégories d'activités: opérationnelles, d'investissement et de financement. Bien que l'état du résultat global présente les activités opérationnelles, on les rapporte en employant la comptabilité d'engagement: les revenus au moment où ils sont gagnés et les dépenses au moment où elles sont engagées, sans tenir compte du moment où ils sont encaissés ou déboursés. Par ailleurs, le tableau des flux de trésorerie présente les flux monétaires liés aux activités opérationnelles au moyen de la comptabilité de caisse. Quant à l'état de la situation financière, il présente l'actif, le passif et les capitaux propres à un moment précis, tandis que le tableau des flux de trésorerie présente les variations qui sont survenues dans les postes de l'état de la situation financière d'une période à l'autre pour ainsi faire le lien entre les états financiers. En somme, le tableau des flux de trésorerie fait état d'une information qui permet de faire des liens entre les états financiers d'une période à l'autre en expliquant les variations de la trésorerie et d'autres comptes de l'état de la situation financière tout en résumant l'information sous forme d'activités opérationnelles, d'activités d'investissement et d'activités de financement.

   Les flux de trésorerie permettent à une entreprise d'accroître ses activités, de remplacer les actifs, au besoin, de tirer profit des possibilités que lui offre le marché et de verser des dividendes à ses actionnaires. Les investisseurs et créanciers doivent donc bien comprendre les diverses provenances et les différents usages des flux de trésorerie qui sont associés aux activités des entreprises. Le tableau des flux de trésorerie met en lumière la capacité d'une entreprise à produire des liquidités, et l'efficacité de sa gestion des actifs et passifs courants. Il donne également le détail de ses investissements (les immobilisations, les placements, etc.) et de son financement (les dettes, les émissions d'actions, etc.). Il est conçu pour aider les investisseurs et créanciers à répondre à des questions fondamentales relativement aux flux de trésorerie.

3. La trésorerie comprend la caisse, les découverts bancaires, dont le solde varie souvent entre le disponible et le non disponible, et les dépôts à vue. Les équivalents de trésorerie comprennent les titres de placement courant très liquides, lesquels sont à la fois: 1) facilement convertibles en une somme d'argent de trésorerie connue; et 2) si près de leur échéance (à moins de trois mois au moment de leur achat) que leur valeur ne risque pas de changer de façon importante. Le tableau des flux de trésorerie ne présente pas les achats et ventes de ces placements courants très

liquides, car ces transactions font partie de la composition de la trésorerie et équivalents de trésorerie. Le tableau des flux de trésorerie n'indique que la variation du total de la trésorerie et équivalents de trésorerie d'une période à l'autre.

4. Le tableau des flux de trésorerie présente des entrées et sorties de trésorerie liées à trois grandes catégories d'activités : 1) les activités opérationnelles ; 2) les activités d'investissement ; et 3) les activités de financement. Les flux de trésorerie liés aux activités opérationnelles sont des entrées et sorties de trésorerie directement rattachées à la production et à la vente de biens ou services. Les flux de trésorerie liés aux activités d'investissement sont des entrées et sorties de trésorerie associées à l'acquisition ou à la cession d'actifs non courants, et des placements qui ne sont pas inclus dans la trésorerie. Enfin, les flux de trésorerie liés aux activités de financement sont des entrées et sorties de trésorerie attribuables à des activités qui entraînent des changements sur le plan des capitaux propres de l'entreprise et des capitaux que celle-ci a empruntés.

5. Les entrées de trésorerie typiques des activités opérationnelles comprennent les ventes au comptant, la perception des comptes clients, les montants reçus à titre de dividendes, et l'encaissement d'intérêts sur les investissements et les prêts accordés par l'entreprise. Les sorties de trésorerie typiques des activités opérationnelles incluent les paiements aux fournisseurs et aux employés, les paiements de charges opérationnelles, les impôts et les intérêts que l'entreprise paie sur ses dettes.

Les produits d'intérêts et de dividendes reçus peuvent être classés soit comme des activités opérationnelles, soit comme des activités d'investissement. Les dividendes et intérêts versés peuvent aussi être classés soit comme des activités opérationnelles, soit comme des activités de financement. Le choix de l'entreprise doit être permanent, c'est-à-dire demeurer le même d'une période à l'autre.

6. L'amortissement est une charge comptabilisée par régularisation qui diminue le résultat net et ne modifie pas la trésorerie. La charge d'amortissement est donc ajoutée au résultat net du tableau des flux de trésorerie présenté au moyen de la méthode indirecte, car elle ne représente pas une sortie de trésorerie.

7. Les sommes versées pour les achats et les salaires ne sont pas présentées de façon distincte dans le tableau des flux de trésorerie établi selon la méthode indirecte. En effet, selon cette méthode, les décaissements de chaque charge opérationnelle ne sont pas détaillés. On part plutôt du résultat net, et on montre les variations qui sont survenues dans les comptes fournisseurs et les charges courantes à payer. En somme, on ne présente que les variations nettes des activités opérationnelles.

8. L'augmentation de 50 000 $ de stocks est incluse dans le calcul des flux de trésorerie, car elle augmente les décaissements, toutes choses étant égales par ailleurs. Selon la méthode indirecte, le montant est soustrait du résultat net puisqu'il constitue un élément de conciliation permettant d'obtenir les flux de trésorerie liés aux activités opérationnelles.

9. Selon la méthode indirecte, lorsque les produits d'intérêts et de dividendes encaissés sont classés parmi les activités d'investissement, on doit les soustraire du résultat net de la section des activités opérationnelles, car ce dernier contient déjà les produits d'intérêts et de dividendes. Notons que le choix de classement de l'entreprise doit être permanent, c'est-à-dire ne pas varier d'une période à l'autre.

10. La méthode directe de présentation des activités opérationnelles dans le tableau des flux de trésorerie consiste à présenter les montants bruts des principales catégories d'entrées et de sorties de trésorerie provenant des produits et des charges inscrits à l'état du résultat global.

La méthode indirecte présente les montants nets des encaissements et décaissements liés aux activités opérationnelles en redressant le résultat net pour les éléments de produits et de charges qui sont sans effet sur la trésorerie, et en ajoutant les variations de certains actifs et passifs courants hors trésorerie. Ces deux méthodes diffèrent par leur façon de présenter les flux de trésorerie liés aux activités opérationnelles, mais elles sont identiques quant à leur résultat final. En effet, le total des flux de trésorerie liés aux activités opérationnelles est le même dans les deux cas.

11. Les entrées de fonds typiques des activités d'investissement sont les montants qui sont encaissés à la suite de la vente d'actifs productifs (les immeubles, le matériel ou les biens incorporels comme les marques de commerce et les brevets), et les montants qui sont encaissés de la vente

ou de l'arrivée à échéance de placements courants et non courants ou de billets à recevoir. Les sorties de fonds typiques des activités d'investissement sont les sommes déboursées par l'entreprise pour acquérir des biens corporels ou incorporels, acheter des placements et accorder des prêts. Notons que si l'entreprise en fait le choix de façon permanente, les produits d'intérêts et de dividendes qui sont encaissés peuvent être classés comme des activités d'investissement.

12. Les entrées de fonds typiques des activités de financement sont les montants qui sont obtenus à la suite de l'émission de dettes courantes et non courantes, et ceux qui sont obtenus après l'émission d'actions. Les sorties de fonds typiques des activités de financement sont le remboursement du capital sur les dettes courantes et non courantes, le rachat par l'entreprise de ses propres actions et les dividendes versés en espèces aux actionnaires au cours de la période. Notons que si l'entreprise en fait le choix de façon permanente, les intérêts versés peuvent être classés comme une activité de financement.

13. Les activités d'investissement et de financement hors trésorerie n'impliquent aucun échange de trésorerie. Par exemple : 1) l'achat d'un immeuble financé par une hypothèque accordée par le propriétaire précédent, ou échangé contre des actions ou obligations de l'entreprise ; 2) la conversion d'obligations en actions émises au créancier ; 3) le remboursement des dettes relatives à des actifs non courants. Il en résulte que les activités hors trésorerie ne sont pas présentées dans le tableau des flux de trésorerie, mais plutôt en tant que supplément d'information sous forme de note aux états financiers.

14. Dans le cas de la vente d'un actif immobilisé, le montant total qui est encaissé est présenté comme une augmentation des flux de trésorerie liés aux activités d'investissement. Selon la méthode directe, aucune entrée n'est faite aux activités opérationnelles. Selon la méthode indirecte, le gain de la vente est soustrait du résultat net, car il a augmenté celui-ci et n'a pas produit de trésorerie (inversement, une perte est ajoutée pour les mêmes raisons). Il faut noter que, selon les deux méthodes, la section des activités d'investissement présente le montant comptant tiré de la vente.

15. La différence majeure est la façon de traiter les charges et produits d'intérêts et de dividendes, ainsi que les dividendes versés. Selon la norme internationale IAS7 (*Manuel de l'ICCA, partie I*), une entreprise a le choix de classer les intérêts et dividendes qu'elle encaisse dans les activités opérationnelles ou dans les activités d'investissement. Les intérêts et dividendes versés peuvent aussi être classés dans les activités opérationnelles ou les activités de financement. Le choix de classement des entreprises doit être permanent.

Selon la norme canadienne pour les entreprises à capital fermé (chapitre 1540 du *Manuel de l'ICCA, partie II*), les intérêts et dividendes reçus et versés qui sont compris dans la détermination du résultat net doivent être classés dans les activités d'exploitation (opérationnelles). Les intérêts et dividendes qui sont portés au crédit ou au débit des bénéfices non répartis (résultats non distribués) doivent être présentés séparément comme des activités de financement.

Mini-exercices

M12-1 Le lien entre les éléments et les catégories du tableau des flux de trésorerie (selon la méthode indirecte)

I	1.	Produit tiré de la cession d'immobilisations et d'autres actifs
F	2.	Émission d'actions
O	3.	Amortissement des immobilisations et d'autres actifs
O	4.	Créditeurs et charges à payer (augmentation)
O	5.	Stocks (augmentation)
F	6.	Diminution nette des emprunts à long terme

M12-3 Le lien entre les éléments et les catégories du tableau des flux de trésorerie (selon la méthode directe)

F	1.	Remboursement de la dette
F ou O	2.	Dividendes versés en espèces*
I	3.	Montants encaissés à la suite de la vente d'actifs immobilisés
O ou F	4.	Intérêts nets versés*
O	5.	Sommes encaissées des clients
F	6.	Paiement pour le rachat d'actions

*Selon le choix permanent de classement fait par l'entreprise

M12-5 Le calcul des flux de trésorerie liés aux activités d'investissement

Activités d'investissment

Vente de matériel d'occasion contre espèces	300$
Acquisition de placements courants	(250)
Flux de trésorerie liés aux activités d'investissement	50$

M12-7 La présentation des activités d'investissement et de financement hors trésorerie

✔	1.	Achat de matériel au moyen de placements courants (hors trésorerie cédés au vendeur)
	2.	Paiement de dividendes en espèces
✔	3.	Achat d'un immeuble au moyen d'un emprunt hypothécaire du vendeur
	4.	Emprunt bancaire supplémentaire échéant dans six mois

Exercices

E12-1 Le lien entre les éléments et les catégories du tableau des flux de trésorerie (selon la méthode indirecte)

O	1.	Diminution (augmentation) des stocks
O ou F	2.	Dividendes versés en espèces aux actionnaires
O	3.	Amortissement et dépréciation
F	4.	Remboursement (augmentation) d'emprunts non courants
F	5.	Rachat d'actions d'Adidas AG
O	6.	Pertes (gains) sur la vente de terrains, immeubles et équipements
O	7.	(Diminution) augmentation des comptes fournisseurs et des charges courantes à payer
I	8.	Produit de la vente d'actifs immobilisés incorporels
O	9.	Résultat net
I	10.	Paiement pour l'acquisition de propriétés et d'équipements

E12-3 La détermination de l'incidence de certaines opérations sur le tableau des flux de trésorerie

Opération	Effet sur la trésorerie	Équation comptable				
		Actif	=	Passif	+	Capitaux propres
1.	– EDNI	Trésorerie – Immobilisations +				
2.	s.o.	Stocks* +		Fournisseurs +		
3.	+ EDNO	Trésorerie +		Produits différés +		
4.	s.o.			Salaires à payer +		Salaires –
5.	– EDNO ou EDNI**	Trésorerie –				Intérêts –
6.	– EDNF	Trésorerie –		Dette bancaire –		
7.	– EDNO	Trésorerie – Loyer payé d'avance +				
8.	+ EDNI	Trésorerie + Immobilisations –				
9.	– EDNO	Trésorerie –		Fournisseurs –		
10.	– EDNF	Trésorerie –				Capital social –

* «Stocks» dans un système d'inventaire permanent; «Achats» dans un système d'inventaire périodique
** Selon le choix permanent de classement fait par l'entreprise

E12-5 La comparaison entre la méthode directe et la méthode indirecte

Flux de trésorerie (et variations afférentes)	Tableau des flux de trésorerie	
	Méthode directe	Méthode indirecte
1. Augmentation ou diminution des comptes fournisseurs		✔
2. Augmentation ou diminution des salaires à payer		✔
3. Paiements aux fournisseurs	✔	
4. Sommes reçues des clients	✔	
5. Résultat net		✔
6. Charge d'amortissement		✔
7. Augmentation ou diminution des comptes clients		✔
8. Augmentation ou diminution des stocks		✔
9. Salaires versés aux employés	✔	
10. Flux de trésorerie liés aux activités opérationnelles	✔	✔
11. Flux de trésorerie liés aux activités d'investissement	✔	✔
12. Flux de trésorerie liés aux activités de financement	✔	✔
13. Variation nette de la trésorerie au cours de la période	✔	✔

La méthode directe présente les flux de trésorerie de chaque produit important et de chaque charge importante liés aux activités opérationnelles. La méthode indirecte présente une conciliation du résultat net aux flux de trésorerie liés aux opérations. Les activités de financement et d'investissement sont présentées de la même manière.

E12-7 La présentation et l'interprétation des flux de trésorerie liés aux activités opérationnelles du point de vue des analystes (selon la méthode indirecte)

1. Activités opérationnelles — méthode indirecte

Résultat net	(9 000)$
Éléments sans effet sur la trésorerie :	
Amortissement des immobilisations	10 000
Amortissement des droits d'auteur	1 500
Variation de certains actifs et passifs courants hors trésorerie :	
Diminution des comptes clients (9 000$ – 21 000$)	12 000
Augmentation des salaires à payer (13 000$ – 5 000$)	8 000
Diminution des charges courantes à payer (2 000$ – 4 000$)	(2 000)
Flux de trésorerie liés aux activités opérationnelles	20 500$

2. Les charges d'amortissement constituent la première raison pour laquelle un résultat net négatif a été enregistré, car elles n'entraînent pas de sorties de trésorerie. La charge d'amortissement jumelée à la diminution des besoins de fonds de roulement (Actif courant – Passif courant) a transformé le résultat net négatif en flux de trésorerie liés aux opérations positifs. L'analyse de la différence existant entre le résultat net et les flux de trésorerie liés aux opérations est importante. En effet, elle aide les analystes financiers à déterminer si la tendance (un résultat net négatif, en l'occurrence) se maintiendra ou si elle ne représente qu'un événement isolé.

E12-9 La détermination des variations des postes de l'état de la situation financière d'après les renseignements du tableau des flux de trésorerie (selon la méthode indirecte)

Compte	Changement
Clients	Diminués
Stocks	Diminués
Autres actifs	Diminués
Fournisseurs et charges courantes à payer	Augmentés

E12-11 La détermination des flux de trésorerie provenant de la vente d'actifs immobilisés

1. Flux de trésorerie provenant de la vente de propriétés, en milliers de dollars canadiens :

Année 3	Année 2	Année 1
14 800	11 620	1 800

Le montant à indiquer dans la section des flux de trésorerie liés aux activités d'investissement est le produit total de la vente des immobilisations, quel que soit le montant du gain ou de la perte lié à ces aliénations.

2. Tout gain sur la cession d'immobilisation est soustrait du résultat net pour éviter sa double comptabilisation. Inversement, toute perte y est ajoutée.

Flux de trésorerie liés aux activités opérationnelles, en milliers de dollars canadiens :

	Année 3	Année 2	Année 1
Perte (gain) sur cession d'immobilisation :	9 700	(7 310)	–

E12-13 L'analyse des flux de trésorerie liés aux opérations et l'interprétation du ratio de la qualité du résultat

1. Activités opérationnelles — méthode indirecte
(en millions de dollars états-uniens)

Résultat net	5 979
Éléments sans effet sur la trésorerie :	
Amortissement et dépréciation	1 635
Autres	(801)
Variations de certains actifs et passifs courants hors trésorerie :	
Diminution des comptes clients	188
Diminution des stocks	17
Augmentation des charges payées d'avance	(127)
Diminution des comptes fournisseurs	(133)
Augmentation des impôts exigibles	319
Diminution des autres passifs	(281)
Flux de trésorerie liés aux activités opérationnelles	6 796

Note : Le paiement de dividendes en espèces et le rachat d'actions préférentielles ne sont pas liés aux activités opérationnelles et n'influent pas sur les flux de trésorerie liés aux opérations. La diminution des autres passifs n'est pas expliquée dans le rapport annuel de PepsiCo ; l'inclusion de ce poste dans le calcul des flux de trésorerie est une question de jugement. S'il n'est pas associé aux opérations, ce poste doit être omis du calcul ci-dessus. En réalité, PepsiCo a inclus cette diminution dans son tableau des flux de trésorerie.

2.

$$\text{Ratio de la qualité du résultat} = \frac{\text{Flux de trésorerie liés aux activités opérationnelles}}{\text{Résultat net}} = \frac{6\ 796}{5\ 979} = 1,14$$

3. La raison principale pour laquelle le ratio de la qualité du résultat est supérieur à 1,0 vient du fait que la charge d'amortissement est élevée, même si le fonds de roulement net a augmenté légèrement.

E12-15 La présentation du tableau des flux de trésorerie (selon la méthode indirecte)

Plongeons inc.
Tableau des flux de trésorerie
période close le 31 décembre 2013
(en dollars canadiens)

Activités opérationnelles	
Résultat net	840
Élément sans effet sur la trésorerie :	
Amortissement du matériel	80
Variations de certains actifs et passifs courants hors trésorerie :	
Augmentation des comptes clients	(250)
Augmentation des charges payées d'avance	(50)
Diminution des salaires à payer	(1 440)
Flux de trésorerie liés aux activités opérationnelles	(820)
Activités d'investissement	
Acquisition de matériel	(400)
Flux de trésorerie liés aux activités d'investissement	(400)
Activités de financement	
Émission d'actions ordinaires	300
Flux de trésorerie liés aux activités de financement	300
Variation nette de la trésorerie au cours de la période	(920)
Trésorerie à l'ouverture de la période	3 700
Trésorerie à la clôture de la période	2 780

E12-17 L'analyse et l'interprétation du ratio d'acquisition de capitaux

1.

$$\text{Ratio d'acquisition de capitaux} = \frac{\text{Flux de trésorerie liés aux activités opérationnelles}}{\text{Acquisition d'immobilisations en espèces}} = \frac{32\ 586}{18\ 962} = 1,72$$

2. Le ratio d'acquisition de capitaux mesure l'efficacité de l'entreprise à financer l'acquisition d'immobilisations au moyen des flux de trésorerie liés aux activités opérationnelles. Comme ce ratio est supérieur à 1,00 (1,72), l'entreprise n'a pas eu recours à des sources extérieures pour financer l'achat d'actifs immobilisés.

3. Durant l'année 2007, l'entreprise Rio Tinto a dû augmenter sa dette à long terme en vue d'importantes acquisitions d'entreprises.

E12-19 La présentation des flux de trésorerie liés aux activités opérationnelles du point de vue des analystes (selon la méthode directe)

Activités opérationnelles — méthode directe

Montant encaissé des clients*	86 000 $
Montant versé aux fournisseurs**	(34 000)
Montant versé aux employés***	(18 500)
Flux de trésorerie liés aux activités opérationnelles**	33 500 $

*   Montant encaissé des clients = Chiffre d'affaires – Augmentation des comptes clients
= 90 000 $ – 4 000 $
= 86 000 $

**   Montant versé aux fournisseurs = Coût des ventes – Diminution des stocks
= 40 000 $ – 6 000 $
= 34 000 $

*** Montant versé aux employés = Salaires – Augmentation des salaires à payer
= 19 000 $ – 500 $
= 18 500 $

**** Il s'agit du même total que celui de l'exercice 12-6, qui a été obtenu au moyen de la méthode indirecte.

E12-21 La présentation et l'interprétation des flux de trésorerie liés aux activités opérationnelles du point de vue des analystes (selon la méthode directe)

1. **Activités opérationnelles — méthode directe**

Montant encaissé des clients*	5 623 690 $
Montant versé aux fournisseurs**	(822 825)
Montant versé pour toutes les autres charges***	(3 515 340)
Flux de trésorerie liés aux activités opérationnelles	1 285 525 $

*   Montant encaissé des clients = Chiffre d'affaires + Diminution des comptes clients
= 5 608 200 $ + 15 490 $
= 5 623 690 $

**   Montant versé aux fournisseurs = Coût des ventes + Augmentation des stocks – Augmentation des comptes fournisseurs
= 797 850 $ + 30 000 $ – 5 025 $
= 822 825 $

*** Montant versé pour toutes les autres charges = Charges de vente + Charges administratives + Autres charges + Augmentation des charges payées d'avance – Augmentation des charges courantes à payer + Diminution des produits différés – Charges d'intérêts
= 883 620 $ + 2 192 630 $ + 566 480 $ + 59 300 $ – 8 500 $ + 1 810 $ – 180 000 $
= 3 515 340 $

2. L'amortissement et la dépréciation permettent d'expliquer en grande partie le résultat net négatif. Il s'agit de charges qui n'entraînent pas de mouvement de trésorerie. Ces charges ont modifié le résultat net négatif en flux de trésorerie positifs liés aux activités opérationnelles. L'analyse de la différence existant entre le résultat net et les flux de trésorerie liés aux opérations est importante. En effet, elle aide les analystes financiers à déterminer si la tendance (un résultat net négatif en l'occurrence) se maintiendra ou si elle ne représente qu'un événement isolé.

Problèmes

P12-1 L'établissement du tableau des flux de trésorerie (selon la méthode indirecte)

1. Tous les montants sont en dollars canadiens.

Section des flux de trésorerie	État sommaire de la situation financière au 31 décembre	2011	2010	Variation	Explication
Variation	Trésorerie	68 250	65 500	+2 750	⑩ Augmentation nette de la trésorerie
O	Clients	15 250	22 250	−7 000	③ Diminution des comptes clients ajoutée au RN*
O	Stocks	22 250	18 000	+4 250	④ Augmentation des stocks déduite du RN*
I	Immobilisations, au coût	209 250	150 000	+59 250	⑦ Décaissement pour achat d'équipement
O	Moins : amortissement cumulé	(59 000)	(45 750)	−13 250	② Ajouté au RN*, car l'amortissement n'affecte pas la trésorerie.
	Total de l'actif	256 000	210 000		
O	Fournisseurs	9 000	19 000	−10 000	⑤ Diminution des comptes fournisseurs déduite du RN*
O	Salaires à payer	4 000	1 200	+2 800	⑥ Augmentation des salaires à payer ajoutée au RN*
F	Dette non courante	59 500	71 000	−11 500	⑧ Espèces utilisées pour rembourser la dette non courante
F	Capital social	98 500	65 900	+32 600	⑨ Émission d'actions contre espèces
O, F	Résultats non distribués	85 000	52 900	+32 100	① Augmentation du résultat net de 46 750 $ et diminution de 14 650 $ par le dividende en espèces
	Total du passif et des capitaux propres	256 000	210 000		*RN : Résultat net

Métro Vidéo inc.
Tableau des flux de trésorerie
période close le 31 décembre 2011
(en dollars canadiens)

Activités opérationnelles

Résultat net		46 750 ①
Élément sans effet sur la trésorerie :		
Amortissement	13 250 ②	
Variation de certains actifs et passifs courants hors trésorerie :		
Diminution des comptes clients	7 000 ③	
Augmentation des stocks	(4 250) ④	
Diminution des comptes fournisseurs	(10 000) ⑤	
Augmentation des salaires à payer	2 800 ⑥	
Intérêts versés (classés dans les activités de financement)	3 000 ⑪	11 800
Flux de trésorerie liés aux activités opérationnelles		58 550
Activités d'investissement		
Achat d'immobilisations	(59 250) ⑦	
Flux de trésorerie liés aux activités d'investissement		(59 250)
Activités de financement		
Remboursement de la dette non courante	(11 500) ⑧	
Intérêts versés	(3 000) ⑪	
Dividendes versés	(14 650) ①	
Émission d'actions	32 600 ⑨	
Flux de trésorerie liés aux activités de financement		3 450
Variation nette de la trésorerie au cours de la période		2 750 ⑩
Trésorerie à l'ouverture de la période		65 500
Trésorerie à la clôture de la période		68 250
Impôts versés		12 000

2. L'augmentation de 2 750$ de la trésorerie provient des flux de trésorerie de 58 550$ générés par les activités opérationnelles et l'émission de 32 600$ d'actions. Un pourcentage important de ces entrées a été investi dans les immobilisations (59 250$), et a servi au remboursement de la dette non courante de 11 500$ et des intérêts de 3 000$ ainsi qu'au versement d'un dividende de 14 650$.

P12-3 La préparation du tableau des flux de trésorerie (selon la méthode directe)

1. Tous les montants sont en dollars canadiens.

Section des flux de trésorerie	État sommaire de la situation financière au 31 décembre 2011	2011	2010	Variation	Explication
Variation	Trésorerie	68 250	65 500	+2 750	⑩ Augmentation nette de la trésorerie
O	Clients	15 250	22 250	−7 000	③ Ajouter aux ventes pour calculer les encaissements des clients
O	Stocks	22 250	18 000	+4 250	④ Ajouter au CV* pour calculer les paiements aux fournisseurs
I	Immobilisations, au coût	209 250	150 000	+59 250	⑦ Décaissement pour achat d'équipement
O	Moins : amortissement cumulé	(59 000)	(45 750)	−13 250	② L'amortissement n'affecte pas la trésorerie et n'est pas pris en compte selon la méthode directe.
	Total de l'actif	256 000	210 000		
O	Fournisseurs	9 000	19 000	−10 000	⑤ Ajouter au CV* pour calculer les paiements aux fournisseurs
O	Salaires à payer	4 000	1 200	+2 800	⑥ Déduire des autres charges pour calculer le paiement des salaires
F	Dette non courante	59 500	71 000	−11 500	⑧ Trésorerie utilisée pour rembourser la dette non courante
F	Capital social	98 500	65 900	+32 600	⑨ Émission d'actions ordinaires contre espèces
O, F	Résultats non distribués	85 000	52 900	+32 100	① Augmentation de 46 750$ du résultat net et diminution de 14 650$ par le dividende en espèces
	Total du passif et des capitaux propres	256 000	210 000		

* CV: Coût des ventes

État sommaire du résultat global pour 2011	
Ventes	195 000
Coût des ventes	(92 000)
Amortissement	(13 250)
Charge d'intérêts	(3 000)
Autres charges	(28 000)
Impôts sur le résultat	(12 000)
Résultat net	46 750

⑪ Activité de financement selon le choix permanent fait par l'entreprise

Métro Vidéo inc.
Tableau des flux de trésorerie (méthode directe)
période close le 31 décembre 2011
(en dollars canadiens)

Activités opérationnelles

Encaissements des clients (195 000 + 7 000)	202 000 ③	
Paiements aux fournisseurs (92 000 + 4 250 + 10 000)	(106 250) ④⑤	
Paiement des salaires (28 000 − 2 800)	(25 200) ⑥	
Paiement des impôts	(12 000)	
Flux de trésorerie liés aux activités opérationnelles		58 550

Activités d'investissement

Achat d'immobilisations	(59 250) ⑦	
Flux de trésorerie liés aux activités d'investissement		(59 250)

Activités de financement

Remboursement de la dette non courante	(11 500) ⑧	
Intérêts versés	(3 000)	
Dividendes versés	(14 650) ①	
Émission d'actions ordinaires	32 600 ⑨	
Flux de trésorerie liés aux activités de financement		3 450

Variation nette de la trésorerie au cours la période	2 750 ⑩	
Trésorerie à l'ouverture de la période	65 500	
Trésorerie à la clôture de la période	68 250	
Impôts versés	12 000	

2. L'augmentation de la trésorerie de 2 750$ provient des flux de trésorerie de 58 550$ générés par les activités opérationnelles et une émission d'actions de 32 600$. Un pourcentage important de ces entrées a été investi dans les immobilisations (59 250$), et a servi au remboursement de la dette non courante de 11 500$ plus les intérêts de 3 000$ et au versement d'un dividende de 14 650$.

P12-5 La préparation du chiffrier en vue de l'établissement du tableau des flux de trésorerie (selon la méthode indirecte)

1.

Hunter
Chiffrier du tableau des flux de trésorerie
période close le 31 décembre 2013
(en dollars canadiens)

Chiffrier	Solde à l'ouverture de la période		Analyse des variations				Solde à la clôture de la période
			Débits	Crédits			
État de la situation financière							
Trésorerie	18 000	(k)	26 000				44 000
Clients	29 000			2 000	(b)		27 000
Stocks	36 000			6 000	(c)		30 000
Immobilisations, solde net	72 000	(g)	9 000	6 000	(e)		75 000
Total de l'actif	155 000						176 000
Fournisseurs	22 000			3 000	(d)		25 000
Salaires à payer	1 000	(f)	200				800
Dette non courante	48 000	(h)	10 000				38 000
Capital social	60 000			20 000	(i)		80 000
Résultats non distribués	24 000	(j)	3 800	12 000	(a)		32 200
Total du passif et des capitaux propres	155 000		49 000	49 000			176 000

Tableau des flux de trésorerie		Entrées		Sorties		Total
Flux de trésorerie liés aux activités opérationnelles :						
Résultat net	(a)	12 000				
Amortissement	(e)	6 000				
Diminution des comptes clients	(b)	2 000				
Diminution des stocks	(c)	6 000				
Augmentation des comptes fournisseurs	(d)	3 000				
Diminution des salaires à payer				200	(f)	25 000
Dividendes versés				3 800	(j)	
Flux de trésorerie liés aux activités d'investissement :						
Achat d'immobilisations				9 000	(g)	(9 000)
Flux de trésorerie liés aux activités de financement :						
Remboursement de la dette non courante				10 000	(h)	
Émission d'actions ordinaires	(i)	20 000				10 000
Variation nette de la trésorerie et équivalents de trésorerie au cours de la période				26 000	(k)	26 000
Totaux		49 000		49 000		
Trésorerie à l'ouverture de la période						18 000
Trésorerie à la clôture de la période						44 000

2.

Hunter
Tableau des flux de trésorerie
période close le 31 décembre 2013
(en dollars canadiens)

Activités opérationnelles

Résultat net		12 000
Élément sans effet sur la trésorerie :		
Amortissement	6 000	
Variation de certains actifs et passifs courants hors trésorerie :		
Diminution des comptes clients	2 000	
Diminution des stocks	6 000	
Augmentation des comptes fournisseurs	3 000	
Diminution des salaires à payer	(200)	16 800
Versement des dividendes aux actionnaires		(3 800)
Flux de trésorerie liés aux activités opérationnelles		25 000
Activités d'investissement		
Achat d'immobilisations	(9 000)	
Flux de trésorerie liés aux activités d'investissement		(9 000)
Activités de financement		
Remboursement de la dette non courante	(10 000)	
Émission d'actions	20 000	
Flux de trésorerie liés aux activités de financement		10 000
Variation nette de la trésorerie au cours de la période		26 000
Trésorerie à l'ouverture de la période		18 000
Trésorerie à la clôture de la période		44 000
Intérêts versés		2 500
Impôts versés		3 000

3. Il n'y a pas eu d'investissement ou de financement hors trésorerie au cours de cette période.

CHAPITRE 13

L'analyse des états financiers

Questions

1. Les principaux éléments des états financiers qui intéressent particulièrement les créanciers sont : a) le résultat net, pour prédire les résultats potentiels de l'entreprise ; b) les flux monétaires, pour déterminer la capacité de l'entreprise à générer de la trésorerie ; c) les actifs et les dettes, pour déterminer la position financière de l'entreprise.

2. Les notes aux états financiers sont importantes pour les preneurs de décision. En effet, elles expliquent, sous forme narrative, les circonstances et les éléments inhabituels qui ne peuvent en général être communiqués adéquatement dans les états financiers. Les notes attirent l'attention du lecteur sur les problèmes non réglés, les éventualités et les circonstances entourant les décisions de la direction au sujet de la mesure ou de la divulgation d'éléments particuliers. Les notes sont aussi utiles à la compréhension de certains montants indiqués aux états financiers et permettent d'effectuer des prévisions sur la performance future de l'entreprise. Elles fournissent également des explications sur les méthodes comptables adoptées par l'entreprise. Celles-ci peuvent avoir une influence sur le calcul de certains ratios et doivent donc être connues du preneur de décision.

3. Le but premier des états financiers comparatifs est de fournir aux utilisateurs de l'information sur la tendance à court terme en ce qui concerne plusieurs facteurs présentés aux états financiers. Par exemple, la tendance de certains facteurs (les ventes, les charges, le résultat, le montant des dettes, les résultats non distribués ou le résultat par action) est particulièrement importante pour comprendre le passé et les conditions actuelles de l'entreprise. On devrait utiliser ces tendances à court terme pour évaluer la performance future de l'entreprise. Les états financiers comparatifs de deux périodes consécutives sont généralement présentés, mais sont insuffisants pour évaluer adéquatement certaines tendances.

4. Les utilisateurs des états financiers s'intéressent aux résumés financiers portant sur plusieurs années car ceux-ci permettent de dégager rapidement la tendance à long terme de l'entreprise. Les utilisateurs doivent effectuer des prévisions sur la performance future de l'entreprise pour décider d'investir ou de désinvestir. Les sommaires financiers à long terme communiquent de l'information utile afin d'effectuer ces prévisions. Les données financières qui se rapportent à une ou deux périodes sont peu utiles pour prendre de telles décisions.

   La principale limite des sommaires financiers à long terme est que l'information provenant des premières périodes pourrait être inutile à la suite de changements qui seraient survenus dans l'entreprise, le secteur économique ou l'environnement.

5. L'analyse au moyen de ratios est une technique servant à calculer et à repérer des relations importantes dans les états financiers. Elle permet de mesurer la relation proportionnelle qui existe entre deux montants figurant aux états financiers. Pour calculer un ratio, il faut diviser un montant par un autre. Le résultat peut être un pourcentage ou une autre relation numérique. Par exemple, le pourcentage de

la marge brute est calculé en divisant la marge brute par le chiffre d'affaires net. L'analyse au moyen de ratios est particulièrement utile, car elle aide les décideurs à déterminer des relations importantes qui ne sont pas évidentes à la seule lecture des montants.

6. L'analyse procentuelle exprime chacun des postes qui figurent à un état particulier sous forme de pourcentage de l'un des éléments qui en fait partie. Cet élément sert d'indice de référence, c'est-à-dire de dénominateur de l'équation. Par exemple, l'analyse de l'état du résultat global utilise le chiffre d'affaires net comme indice de référence. Ainsi, chacune des charges est exprimée sous forme de pourcentage du chiffre d'affaires net. À l'état de la situation financière, l'indice de référence est normalement le total de l'actif; on trouve les pourcentages en divisant chacun des comptes de l'état de la situation financière par le total de l'actif. Cette analyse est utile parce qu'elle révèle des relations qui ne sont pas évidentes à la simple analyse des montants.

7. Le rendement du capital investi mesure la rentabilité, que l'on obtient en divisant le résultat net par l'investissement. Les deux concepts relatifs sont les suivants :
   1) Le rendement des capitaux propres (Résultat net ÷ Capitaux propres moyens). Ce ratio reflète le rendement des propriétaires sur les capitaux investis et laissés dans l'entreprise ;
   2) Le rendement de l'actif (Résultat net ÷ Actif total moyen). Ce ratio reflète le rendement sur le total des ressources économiques utilisées.

   Normalement, ces deux concepts servent à des fins différentes. Le rendement des capitaux propres reflète le point de vue des propriétaires, car il ne mesure que le rendement de leur investissement. Le rendement de l'actif indique la performance de l'entreprise, mesurée par le résultat net, sur le total des ressources utilisées (provenant des propriétaires et des créanciers).

8. Le pourcentage du levier financier est la différence entre le rendement des capitaux propres et le rendement de l'actif. Pour le mesurer, il faut soustraire du rendement des capitaux propres (en pourcentage) le rendement de l'actif (en pourcentage). Une différence positive (Rendement des capitaux propres > Rendement de l'actif) signifie que l'entreprise a obtenu un rendement plus élevé sur le total de ses investissements que le taux d'intérêt après impôts qu'elle a payé sur sa dette. Les propriétaires bénéficient de cet avantage (levier positif).

9. La marge nette est la relation existant entre le résultat net et le chiffre d'affaires net. Ce ratio reflète la performance découlant du contrôle des charges relatives aux ventes nettes. Il est de mise d'être prudent lorsqu'on analyse la marge nette, puisqu'elle ne tient pas compte du montant des ressources employées (par exemple, le total des investissements ou l'actif total) afin de gagner des revenus. La rentabilité est mieux mesurée lorsqu'on compare le résultat net à l'actif total.

10. Le ratio du fonds de roulement mesure la relation qui existe entre le total de l'actif courant et le total du passif courant, quel que soit le degré de liquidité de l'actif. Pour calculer le ratio de liquidité relative, on divise les actifs disponibles et réalisables (par exemple, la trésorerie, les placements courants et les comptes clients) par le passif courant. On ne choisit ainsi que les actifs facilement convertibles en trésorerie.

   Le ratio du fonds de roulement sert à mesurer le risque associé aux liquidités; un ratio supérieur à 1 indique qu'il existe une marge de sécurité, l'actif courant étant supérieur au passif courant. Le ratio de liquidité relative constitue une mesure plus rigoureuse des liquidités disponibles. Les actifs courants sont restreints, et ne comprennent que la trésorerie et les éléments près de cette valeur, par exemple les comptes clients et les titres négociables.

11. Le ratio des capitaux empruntés sur les capitaux propres reflète la portion de l'actif total ou des ressources utilisées par l'entreprise qui proviennent des créanciers par rapport à celle qui provient des propriétaires. Dans plusieurs entreprises, le montant de la dette est plus élevé que les capitaux propres (ratio supérieur à 1). Cela indique que la société profite du levier financier, l'un des atouts du financement au moyen de la dette. Par exemple, une entreprise qui obtient un rendement de 20% sur son actif total, tandis que le taux d'intérêt sur sa dette est de 8%, réalise des profits qui reviennent aux propriétaires. Toutefois, l'intérêt sur la dette doit être versé à chaque période, quel que soit le niveau de résultat gagné; à la date d'échéance de la dette, celle-ci doit être remboursée. Un ratio trop élevé comporte donc un certain risque. Par ailleurs, les fonds fournis par les propriétaires représentent moins de risque pour l'entreprise, parce que le versement des dividendes n'est pas obligatoire à chaque période et qu'il n'y a pas de date d'échéance à cet effet.

12. Les tests de marché servent à mesurer la valeur du marché pour chaque action. Ainsi, ils permettent d'établir un lien entre un montant figurant aux états financiers et une action (par exemple, le résultat par action ou le dividende par action). Chaque fois que le prix de l'action varie, les mesures varient également. Les deux tests de marché les plus utilisés sont: a) le ratio cours-bénéfice (le cours de l'action divisé par le résultat par action) et b) le rendement par action (le dividende par action divisé par le cours boursier de l'action).

13. 1) Dans les milieux financiers, il n'existe aucune entente sur les éléments de calcul d'un ratio. Des standards devraient être établis afin de comparer les ratios obtenus.

    2) L'évaluation des résultats (le fait que le ratio obtenu soit bon ou mauvais) est subjective.

Mini-exercices

M13-1 La recherche d'information financière au moyen du calcul des pourcentages

Pourcentage du chiffre d'affaires	100 %
Pourcentage de la marge brute	44 %
Pourcentage du coût des ventes	56 %
	×
Produits	1 665 000 $
Coût des ventes	932 400 $

M13-3 Le calcul du taux de rendement des capitaux propres

Taux de rendement des capitaux propres: 183 000 $ ÷ [(1 100 000 $ + 1 250 000 $) ÷ 2] = 0,156, ou 15,6 %

M13-5 L'analyse du taux de rotation des stocks

Si la moyenne du volume des ventes demeure inchangée, alors le coût des ventes demeurera semblable. Dans ce cas, une diminution du niveau moyen des stocks de 25 % fera augmenter le taux de rotation des stocks.

$$\text{Rotation des stocks} = \frac{\text{Coût des ventes}}{\text{Stocks moyens}}$$

M13-7 L'analyse des relations financières

$$\text{Ratio du fonds de roulement} = \frac{\text{Actif courant}}{\text{Passif courant}}$$

$$\text{Ratio de liquidité relative} = \frac{\text{Actifs disponibles et réalisables}}{\text{Passif courant}}$$

Selon les définitions du ratio du fonds de roulement et du ratio de liquidité relative, nous savons que le ratio de liquidité relative doit toujours être inférieur ou égal au ratio du fonds de roulement. Donc, une erreur a été commise, car le ratio de liquidité relative est plus élevé que le ratio du fonds de roulement, ce qui est impossible.

M13-9 La recherche d'information financière au moyen d'un ratio

$$\text{Rendement par action} = \frac{\text{Dividende par action}}{\text{Cours de l'action } (x)}$$

$$5\% = \frac{3,50\$}{x}$$

$$x = 70,00\$$$

Exercices

E13-1 L'utilisation de l'information financière pour trouver des entreprises mystères

1. Un fabricant d'automobiles (a des stocks élevés, des immobilisations corporelles élevées et un taux de rotation des stocks faible).

2. Un grossiste en confiserie (a un taux de rotation des stocks élevé).

3. Un magasin de vente de fourrures au détail (a un pourcentage de la marge brute élevé et des stocks élevés).

4. Une agence de publicité (a des stocks peu élevés, mais aucune marge brute).

E13-3 L'utilisation de l'information financière pour trouver des entreprises mystères

1. Un câblodistributeur (a des immobilisations corporelles élevées, mais aucune marge brute).

2. Un cabinet d'experts-comptables (a des comptes clients élevés, mais aucune marge brute).

3. Une bijouterie (a des stocks élevés et un pourcentage de la marge brute élevée).

4. Une épicerie (a un taux de rotation des stocks élevé).

E13-5 L'association de formules aux ratios correspondants

Formule de calcul	Ratio
A	1. Pourcentage de la marge nette
H	2. Taux de rotation des stocks
B	3. Délai moyen de recouvrement des comptes clients
L	4. Rendement par action
C	5. Rendement des capitaux propres
G	6. Ratio du fonds de roulement
K	7. Ratio des capitaux empruntés sur les capitaux propres
M	8. Ratio cours-bénéfice
E	9. Pourcentage du levier financier
I	10. Taux de rotation des comptes clients
J	11. Délai moyen d'écoulement des stocks
D	12. Résultat par action
N	13. Rendement de l'actif
F	14. Liquidité relative
P	15. Ratio de couverture des intérêts
O	16. Taux de rotation des actifs immobilisés

E13-7 L'analyse de l'incidence d'opérations sélectionnées sur le ratio du fonds de roulement

		Actif courant (1)		Passif courant (2)		Ratio du fonds de roulement (1 ÷ 2)
Au début		54 000 $	(54 000 $ ÷ 1,5)		36 000 $	1,50
Opération a)	Stocks	+7 000	Fournisseurs		+7 000	
Total partiel		61 000			43 000	1,42
Opération b)*	Trésorerie	−3 000				
		58 000 $			43 000 $	1,35

* Le camion et le billet sur deux ans ne sont pas des postes courants.

E13-9 L'analyse de l'incidence d'opérations sélectionnées sur les comptes clients et la rotation des stocks

Taux de rotation :

Comptes clients : 9 546 $* ÷ [(958 $ + 851 $) ÷ 2] = 10,55 fois

Stocks : (31 820 $ × 0,755) ÷ [(2 307 $ + 2 210 $) ÷ 2] = 10,64 fois

* 31 820 $ × 30 % = 9 546 $

Délai moyen :

Comptes clients : (365 jours ÷ 10,55 fois) = 34,6 jours

Stocks : (365 jours ÷ 10,64 fois) = 34,3 jours

E13-11 L'analyse de l'incidence d'opérations sélectionnées sur le ratio du fonds de roulement

		Actif courant (1)		Passif courant (2)		Ratio du fonds de roulement (1 ÷ 2)
Au début		100 000 $	(100 000 $ ÷ 1,5)		66 667 $	1,50
Opération a)	Trésorerie	−6 000	Fournisseurs		−6 000	
Total partiel		94 000			60 667	1,55
Opération b)	Trésorerie	−11 000			−	
		83 000			60 667	1,37
Opération c)		s. o.*			−	
		83 000			60 667	1,37
Opération d)	Trésorerie	−28 000	Dividendes à payer		−28 000	
		55 000 $			32 667 $	1,68

* s. o. : Sans incidence, car la radiation des comptes clients touche les deux comptes d'actif courant suivants : Comptes clients et Provision pour dépréciation – clients.

E13-13 Le calcul des ratios

Taux de rotation :

Comptes clients : 500 000 $* ÷ [(45 000 $ + 60 000 $) ÷ 2]   =   9,5 fois

Stocks : (1 000 000 $ × 0,5) ÷ [(70 000 $ + 25 000 $) ÷ 2]   =   10,5 fois

* 1 000 000 $ × 50 % = 500 000 $

Délai moyen :

Comptes clients (365 jours ÷ 9,5 fois)   =   38,4 jours

Stocks (365 jours ÷ 10,5 fois)   =   34,8 jours

E13-15 Le calcul des ratios de trésorerie

Ratio du fonds de roulement $\dfrac{10\ 337\ \$}{9\ 281\ \$}$ =   1,11

Ratio de liquidité relative $\dfrac{4\ 561\ \$}{9\ 281\ \$}$ =   0,49

Taux de rotation des stocks $\dfrac{62\ 335\ \$}{(5\ 405\ \$ + 5\ 039\ \$) ÷ 2}$ =   11,94 fois

Taux de rotation des comptes clients $\dfrac{8\ 386,7\ \$*}{(834\ \$ + 748\ \$) ÷ 2}$ =   10,6 fois

* 69 889 $ × 12 % = 8 386,7 $ (ventes à crédit)

Problèmes

P13-1 L'analyse d'un investissement basée sur la comparaison de certains ratios

Les étudiants devraient indiquer les éléments suivants :

a)   La société A possède un niveau élevé de trésorerie, tel que l'indique le ratio du fonds de roulement, mais le ratio de liquidité relative indique que les stocks sont très élevés et que le niveau d'actifs facilement convertibles en trésorerie est faible.

b)   Le faible taux de rotation des stocks de la société A est une autre indication du montant élevé des stocks. L'analyste s'interrogera sur la facilité de convertir rapidement les stocks en trésorerie.

c)   En plus des problèmes de liquidité, la société A indique un endettement élevé, donc un risque plus élevé.

d)   La société A ne semble pas avoir de bonnes occasions de croissance. Les ratios du marché indiquent que cette société obtient un multiple du cours-bénéfice très faible.

P13-3 La détermination d'entreprises en fonction du ratio cours-bénéfice

Ratio cours-bénéfice	Entreprise
D	1. Goodyear Tire
A	2. Quebecor
I	3. Eastman Kodak
B	4. GE (General Electric)
G	5. Dollar General
C	6. Costco
E	7. The Home Depot
F	8. General Motors (GM)
H	9. BCE (Bell Canada Entreprises)
J	10. Tim Horton

Note : Nous reconnaissons qu'il est difficile de valider ces informations. En se basant sur les ratios cours-bénéfice actuels sur le site Yahoo finance pour faire une approximation, il n'y a que le ratio cours-bénéfice de GM de 142,03 qui est très éloigné de sa valeur actuelle. Le but de l'exercice n'est pas d'arriver à une correspondance exacte, car certains ratios sont semblables. Par exemple, on pourrait confondre Tim Hortons avec Dollar General et Costco, mais il serait invraisemblable d'y confondre Quebecor. Le raisonnement et la discussion qui en découlent sont plus importants.

P13-5 La comparaison d'occasions d'investissement

1.

Ratio	Armand	Bélanger
Tests de rentabilité		
1. Rendement des capitaux propres*	45 000 $ ÷ 238 000 $ = 18,9 %	93 000 $ ÷ 689 000 $ = 13,5 %
2. Rendement de l'actif*	45 000 $ ÷ 402 000 $ = 11,2 %	93 000 $ ÷ 798 000 $ = 11,7 %
3. Pourcentage du levier financier	18,9 % – 11,2 % = 7,7 %	13,5 % – 11,7 % = 1,8 %
4. Résultat par action	45 000 $ ÷ 14 800 actions = 3,04 $	93 000 $ ÷ 51 200 actions = 1,82 $
5. Qualité du résultat	Impossible à calculer, car il n'y a pas de données sur les flux de trésorerie.	
6. a) Pourcentage de la marge nette b) Pourcentage de la marge brute	a) 45 000 $ ÷ 447 000 $ = 10,1 % b) 206 000 $ ÷ 447 000 $ = 46,1 %	a) 93 000 $ ÷ 802 000 $ = 11,6 % b) 404 000 $ ÷ 802 000 $ = 50,4 %
7. a) Taux de rotation des actifs immobilisés* b) Taux de rotation de l'actif total*	a) 447 000 $ ÷ 140 000 $ = 3,2 fois b) 447 000 $ ÷ 402 000 $ = 1,1 fois	a) 802 000 $ ÷ 401 000 $ = 2 fois b) 802 000 $ ÷ 798 000 $ = 1 fois

* Ces ratios, qui demandent que l'on calcule les moyennes, ne sont pas précis, car les chiffres de 2011 ne sont pas donnés.

Tests de trésorerie		
8. Ratio du fonds de roulement	178 000 $ ÷ 99 000 $ = 1,8	92 000 $ ÷ 49 000 $ = 1,9
9. Liquidité relative	79 000 $ ÷ 99 000 $ = 0,8	52 000 $ ÷ 49 000 $ = 1,1
10. Taux de rotation des comptes clients	149 000 $ ÷ [(38 000 $ + 18 000 $) ÷ 2] = 5,3 fois	267 333 $ ÷ [(31 000 $ + 38 000 $) ÷ 2] = 7,7 fois
11. Délai de recouvrement des comptes clients	365 ÷ 5,3 = 69 jours	365 ÷ 7,7 = 47 jours
12. Taux de rotation des stocks	241 000 $ ÷ [(99 000 $ + 94 000 $) ÷ 2] = 2,5 fois	398 000 $ ÷ [(40 000 $ + 44 000 $) ÷ 2] = 9,5 fois
13. Délai d'écoulement des stocks	365 ÷ 2,5 = 146 jours	365 ÷ 9,5 = 38 jours

Tests de solvabilité et structure financière		
14. Ratio de couverture des intérêts	Impossible à calculer sans la charge d'intérêt	
15. Ratio des capitaux empruntés sur les capitaux propres	164 000 $ ÷ 238 000 $ = 0,7	109 000 $ ÷ 689 000 $ = 0,2

Tests du marché		
16. Ratio cours-bénéfice	17 $ ÷ 3,04 $ = 5,59	15 $ ÷ 1,82 $ = 8,24
17. Taux de rendement par action	(33 000 $ ÷ 14 800 actions) ÷ 17 $ = 13,1 %	(148 000 $ ÷ 51 200 actions) ÷ 15 $ = 19,3 %

2. Évaluation comparative:

    a) Les états financiers de la société Armand étant audités, l'analyse est donc plus crédible.

    b) La rentabilité future de la société Armand est plus probable. En effet, le rendement des capitaux propres est de 18,9 %, comparativement à 13,5 % pour la société Bélanger, bien que leur rendement de l'actif soit sensiblement le même, autour de 11 %. Chacune de ces sociétés emprunte à un taux d'intérêt de 7 % après impôts. Cependant, le pourcentage du levier financier de la société Armand (7,7 %) est plus avantageux quand on le compare à celui de Bélanger (1,8 %), du fait de l'utilisation efficace des emprunts par la société Armand. Celle-ci obtient 41 % de ses besoins de financement au moyen du passif (164 000 $ en passif sur un total de 402 000 $ en passif et capitaux propres; ou bien un rapport passif sur capitaux propres de 0,7), comparativement à 14 % dans le cas de la société Bélanger (109 000 $ en passif sur un total de 798 000 $ en passif et capitaux propres; ou bien un rapport passif sur capitaux propres de 0,2). Par conséquent, la société Armand utilise mieux l'effet de levier. Par ailleurs, elle réalise un résultat net de 45 000 $ en utilisant des actifs totaux de 402 000 $. La société Bélanger réalise un résultat net de 93 000 $ (le double) tout en utilisant 798 000 $

(également le double) d'actifs totaux. Cependant, avec un niveau d'actif moins élevé, la société Armand obtient un meilleur levier financier et un rendement des capitaux propres plus élevé.

c) L'entreprise Bélanger est légèrement en meilleure posture pour ce qui est de ses liquidités, mesurées à l'aide du ratio du fonds de roulement (1,9 comparé à 1,8) et du ratio de liquidité relative, qui est plus élevé (1,1 comparé à 0,8). Cette société est également dans une meilleure posture en ce qui concerne son délai moyen de recouvrement des comptes clients (47 jours par rapport à 69 jours). Aussi, l'entreprise Armand a un très faible (défavorable) taux de rotation des stocks (2,5 comparé à 9,5). Cette différence au regard des ventes suggère des stocks excessifs pour l'entreprise Armand.

d) Les ratios de marché des deux entreprises sont défavorables. La société Bélanger a déclaré et payé des dividendes supérieurs au résultat net de 2012. Cette situation ne peut perdurer. L'entreprise est également faible sur le plan des liquidités (21 000 $). Le montant élevé des autres actifs (305 000 $, ou 38,2 %) soulève la question de leur contribution aux résultats.

Contrainte à l'analyse — Cette analyse ne porte que sur la période 2012, ce qui pose un problème d'évaluation. Quelques données comparatives de la période précédente devraient faire l'objet d'une analyse et certains chiffres de 2011 devraient être utilisés dans les calculs. Une étude couvrant une période allant de 5 à 10 ans serait aussi utile. D'autres particularités importantes devraient être analysées, par exemple les caractéristiques de l'entreprise, les conditions économiques et la qualité de la gestion.

P13-7 L'utilisation de ratios et de pourcentages dans l'analyse des états financiers comparatifs

1.

	Pourcentage 2013*
État du résultat global	
Chiffre d'affaires	100 %
Coût des ventes	59
Marge brute	41
Charges opérationnelles et financières	29
Résultat avant impôts	12
Impôts	4
Résultat net	8 %
Sommaire de l'état de la situation financière	
Trésorerie	4 %
Clients (montant net)	14
Stocks	39
Actifs immobilisés (solde net)	43
Total de l'actif	100 %
Fournisseurs	16 %
Passif non courant (10 % d'intérêt)	43
Actions ordinaires	29
Résultats non distribués	12
Total du passif et des capitaux propres	100 %

* Valeurs arrondies

2. a) Le pourcentage de la marge brute en 2013 est de 41 %.

b) Le taux d'imposition moyen en 2013 est de 36,4 % (8 000 $ ÷ 22 000 $).

c) Le pourcentage de la marge nette en 2013 est de 7,4 % (14 000 $ ÷ 190 000 $). Ce n'est pas un bon indicateur de rendement, parce qu'on ne considère pas l'investissement dans l'actif requis pour réaliser le résultat.

d) Le pourcentage du total des ressources investies dans les actifs immobilisés en 2013 est de 43,7 % du total de l'actif (45 000 $ ÷ 103 000 $).

e) Le ratio des capitaux empruntés sur les capitaux propres en 2013 est de 1,45 (61 000 $ ÷ 42 000 $).

Un ratio de 1,45 indique que les créanciers fournissent environ une fois et demie le montant des ressources provenant des propriétaires. Un ratio supérieur à 1 est considéré comme élevé ; un ratio de 0,5 à 1 est normalement considéré comme plus favorable. Toutefois, il s'agit d'une amélioration par rapport à 2012.

f) Le rendement des capitaux propres en 2013 est de 36,4 % (14 000 $ ÷ 38 500 $*).

* (42 000 $ + 35 000 $) ÷ 2 = 38 500 $

g) Le rendement de l'actif total est de 14 % (14 000 $ ÷ 100 000 $*).

* (103 000 $ + 97 000 $) ÷ 2 = 100 000 $

h) Le pourcentage du levier financier est de 22,4 % (36,4 % – 14 %). Le pourcentage du levier financier est positif (c'est-à-dire à l'avantage des actionnaires) et représente un écart important.

P13-9 L'analyse de l'incidence des méthodes d'évaluation des stocks sur les ratios

L'information nous indique que les deux entreprises sont semblables, à l'exception de leur méthode d'évaluation du coût des stocks. L'utilisation de la méthode CMP (à la différence de la méthode PEPS) durant une période de hausse de prix, toutes autres choses étant égales produit : 1) un montant inférieur des stocks à l'état de la situation financière ; 2) un résultat net inférieur à l'état du résultat global ; et 3) un montant moins élevé de résultats non distribués à l'état de la situation financière.

1. Le ratio du fonds de roulement — L'entreprise A aura un ratio supérieur, car les stocks sont plus élevés quand on emploie la méthode PEPS.

2. Le ratio de liquidité relative — La différence entre le montant des stocks n'influe pas sur le ratio de liquidité relative, parce que les stocks sont exclus du calcul du ratio.

3. Le ratio des capitaux empruntés sur les capitaux propres — L'entreprise B aura un ratio plus élevé, parce que les capitaux propres sont inférieurs. La méthode CMP donne un résultat net inférieur et par conséquent des résultats non distribués inférieurs (inclus dans les capitaux propres) en période d'inflation.

4. Le rendement des capitaux propres — L'analyse n'indique pas laquelle de ces entreprises a le rendement des capitaux propres le plus élevé. Le numérateur du ratio (résultat net) indique la différence de la période courante et le dénominateur (capitaux propres moyens) indique les différences de la période courante et des périodes précédentes. Sans une quantification de la différence cumulative des périodes précédentes, il est impossible de savoir laquelle de ces entreprises possède le ratio le plus élevé.

5. Le résultat par action — L'entreprise A possède le ratio le plus élevé en raison de son résultat net supérieur.

6. La qualité du résultat — L'entreprise B présente le meilleur ratio, car elle verse moins d'impôts. En effet, quand on emploie la méthode CMP, la marge brute est moins élevée.